AF607767

ROBERT LOUIS STEVENSON

EL DOCTOR JEKYLL Y MISTER HYDE

•FONTANA•

ROBERT LOUIS STEVENSON

EL DOCTOR JEKYLL Y MISTER HYDE

TRADUCCIÓN:

ENRIQUE CAMPBELL

PRÓLOGO Y PRESENTACIÓN:

ALBERTO LAURENT

EL DOCTOR JEKYLL Y MISTER HYDE,
Robert Louis Stevenson

© Olmak Trade S.L., 2024

Prólogo / Presentación: Alberto Laurent
Traducción: Enrique Campbell
Diseño gráfico / Ilustración portada: Daniel Jurado

Edita: Olmak Trade S.L.
C/ Roca Plana 1
08110 - Montcada i Reixac
Barcelona (España)

www.olmaktrade.com
info@olmaktrade.com

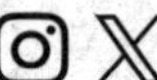

@O_BookTrade
#ClásicosFontana

Impreso en España / Printed in Spain

Queda rigurosamente prohibida, sin la autorización escrita de los titulares del «Copyright», bajo las sanciones establecidas en las leyes, la reproducción parcial o total de esta obra por cualquier medio o procedimiento, comprendidos la reprografía y el tratamiento informático, y la distribución de ejemplares de ella mediante alquiler o préstamo públicos.

I.S.B.N: 978-84-10109-45-2
Depósito Legal: B 10078-2024

Estudio preliminar

R. L. Stevenson: El hombre y su tiempo

Robert Louis (originalmente Lewis) Balfour, novelista, cuentista, poeta y ensayista escocés, nació en Edimburgo el 13 de noviembre de 1850 y murió el del mismo mes de 1894 en su propiedad de Vailima, en Upolu, la principal de las islas Samoa.

Conoció una infancia feliz, hijo de un ingeniero que gozaba de sólida posición, quien confiaba que su vástago se incorporaría a la misma profesión. Sin embargo, una salud precaria, heredada de la madre, obstaculizó sus estudios, de modo que a los ocho años el niño no sabía aún leer ni escribir. Desde los trece hasta los diecisiete siguió a su padre en sus viajes, de los cuales regresó con la nostalgia de los países del sol.

Entró en la universidad de Edimburgo a estudiar ingeniería náutica, pero pronto la abandonó por las leyes. De esa etapa conservaría la íntima familiaridad con la gente y la terminología marineras, típica de sus narraciones.

Así empezó a practicar la abogacía en 1875. No obstante, cumplidos los veinticinco años, dedicaba muy poco tiempo a su profesión y se interesaba, en cambio, por el estudio de la lengua y del arte de la novela. Por entonces colaboraba en el *Cornhill Magazine* y L. Stephen* le presentó

* Sir Leslie Stephen (1832-1904), famoso editor y escritor de libros de

a W. E. Henley,* de quien se hizo muy amigo y con el cual colaboraría en cuatro obras de teatro, En 1876, junto con Walter Simpson, realizó un viaje en canoa, desde Amberes hasta Pontoise, cuya crónica, *Un viaje al continente*, fue su primer libro publicado. Ese mismo año conoce en Francia a Fanny Osbourne, con quien se casa en 1880. Ya entonces había publicado su segundo libro de viajes: *Andanzas con una borrica en Cavennes* (1879).

Por entonces aparecen en distintas revistas las historias fantásticas de *Las nuevas noches árabes* y el curioso ensayo *Will o'the Mill*. De ese año data su viaje a California, cuyas penurias relata en *A través de las llanuras*; luego retorna a Europa, estableciéndose en Bournemouth durante tres años, época en la que consolida su amistad con H. James.** Por entonces colabora en distintos periódicos y escribe muchos de sus cuentos.

Su primera obra de ficción de gran extensión fue *La isla del tesoro* (1883), que le permitió alcanzar la fama, fama que se incremento con *El extraño caso del Dr. Jeckyll y Mr. Hyde* (1893). A éstas siguieron sus populares novelas escocesas: *Secuestrado* (1886), la secuela *Catriona* (1893) y *El señor de Ballantrae* (1889).

En 1889, Stevenson emprendió con su familia un viaje por el Pacífico meridional, su sueño de tantos años, atraído por la vida exótica y primitiva de las islas polinésicas; tras un bienio de vagabundeos por aquellos mares

---

viajes, uno de los más prominentes intelectuales de su tiempo.

* William Ernest Henley (1849-1903), editor, dramaturgo y poeta. Stevenson lo consideró la principal fuente de inspiración de La isla del tesoro (1883).

** Henry James (1843-1916), famoso escritor inglés, autor entre otras novelas de Otra vuelta de tuerca (1898), Washington Square (1881), Los bostonianos (1886).

desembarcó en Samoa. Allí vivió seis largos años, trabajando constantemente en tres obras en colaboración con su hijastro, Lloyd Osbourne: *The Wrong Bo* (1889), *The Wrecker* (1892) y *The Ebb-Tide* (1894), y compuso una extensa novela, *Weir de Harminston*, que se quedó incompleta. Finalmente se estableció en Vailima, donde alcanzó reputación como "Tusitala" o "El cuenta cuentos". Murió de una hemorragia cerebral mientras trabajaba en la mencionada *Weir de Harminston* (1896). Su tumba se halla en la cumbre de una montaña, de cara al océano Pacífico.

Su obra

Publicó muchos otros libros: *Los hombre felices* (1887), con "Markheim" y su primer relato escocés: "Thrawn Janet"; libros de viajes; *Island Nigths'Entertainments* (1863), que incluye "La playa de Falesa"; y *St. Ives* (1897, incompleto, terminado por Quiller-Couch).* También publicó volúmenes de poesía, incluyendo *A Child's Garden of Verses* (1885) y *Underwoods* (1887); sus *Collected Poems*, editados por Janet Adam Smith, aparecieron en 1950.

Tanto en sus obras en prosa como en su poesía, los críticos han detectado, a pesar de su humor e ironía, un trasfondo de aprensión, pecado y sufrimiento. El tema del dualismo y el doble (Doppelgänger) también es un tema recurrente en su obra, así como la admiración por la moral de sus ambiguos héroes o heroínas.

---

* Sir Arthur Thomas Quiller-Couch (1863-1944), escritor inglés más conocido por su seudónimo "Q".

Aunque sus libros se han hecho muy populares y se reimprimen constantemente, incluso son llevados a la pantalla, su reputación crítica se ha visto relegada por su vida aventurera.

El doctor Jekyll y mister Hyde

El doctor Jekyll y mister Hyde fue escrito por dinero. En 1886, Robert Louis Stevenson vivía con su mujer y su hijastro en Skerryvore, una casa de Bournemouth en la que residía desde su casamiento, seis años antes. Aunque ya tenía una reputación por sus ensayos, publicados en el *Cornhill Magazine* y otras revistas, y aunque *La isla del tesoro* (1883) había sido un gran éxito, el mercado juvenil había limitado los ingresos y, por tanto, las finanzas familiares no eran muy boyantes.

Stevenson no gozaba de buena salud y se sentía atado por los problemas de la casa. Luego, una noche, soñó grandes partes del *Doctor Jekyll* y confesó que se ha sentido culpable cuando despertó en medio de una escena particularmente excitante. Escribió la historia en tres días y, como tenía costumbre, se la entregó a su esposa, cuyo juicio crítico tenía en muy alta estima. Fanny Stevenson fue austera en su crítica: «parca en sus elogios y pródiga en consejos», en palabras de Stevenson, señalando que el relato era un simple *thriller*, cuando hubiera sido más efectivo manejarlo como una alegoría.

Aunque disgustado en principio, Stevenson vio que ella tenía razón en sus observaciones y quemó todo el manuscrito, para no tentarse a copiar cuando reescribiera la historia. La reescribió en otros tres días y el libro fue publicado un año más tarde, siendo muy bien recibido, particularmente por *The Times*. Stevenson no se libró de sus angustias financieras hasta la muerte de su padre, al año siguiente, pero había encontrado un público adulto mucho más amplio.

El *Doctor Jekyll* es un *thriller*, pero un thriller alegórico, tal como Fanny había sugerido. Es un estudio de la dualidad de la naturaleza humana, y refleja la fascinación por este tema, que proviene, quizá, de la tradición calvinista escocesa en la cual se crió su autor. Las *Confesiones de un pecador justificado* (1824), de Hogg, un fascinante estudio de la dualidad humana inherente al calvinismo, era un libro que fue familiar a Stevenson.

Pero el *Doctor Jekyll* también refleja los conceptos darwinianos sobre la animalidad del hombre, el conflicto entre *natura y nurtura*, tan propio de la psicología del siglo XIX.

A. Laurent

ROBERT LOUIS STEVENSON

EL DOCTOR JEKYLL Y MISTER HYDE

La historia de la puerta

El abogado Utterson, largo, enjuto y polvoriento, era un hombre de semblante adusto jamás iluminado por una sonrisa; frío, parco y lacónico para conversar, se mostraba poco afecto a las emociones, pero, a pesar de todo era simpático. En las reuniones de amigos, y cuando el vino era de su gusto, brillaba en sus ojos algo hondamente humano que, aunque nunca se tradujo en palabras, se expresaba en los símbolos silenciosos de su rostro en la hora de la sobremesa y, más frecuentemente y con mayor elocuencia en los actos de su vida. Era un hombre austero consigo mismo; a solas, bebía gin para combatir su afición por los vinos añejos, y, aunque le gustaba el teatro, no había pisado sus umbrales desde hacía veinte años. Y sin embargo, tenía una gran tolerancia para con los demás, admirando a veces, casi con envidia, la poderosa vitalidad que suponían las fechorías de los otros; y, puesto en un apuro, se decidía por la ayuda antes que por la condena. «Respeto —solía decir apaciblemente— la herejía de Caín; dejo que mi hermano se vaya al diablo por el camino que más le guste.» Por eso tenía casi siempre la suerte de ser la postrera amistad honrosa y la última buena influencia en la vida de los que marchaban hacia el abismo y a los que, mientras seguían visitándolo, trataba siempre de manera inalterable.

Conducta que debía resultarle fácil al señor Utterson, ya que, aún en sus mejores momentos, era poco demostrativo y hasta sus mismos afectos parecían basarse tan sólo en esa generosa amplitud de su benevolencia. Es propio del hombre modesto aceptar de manos de la casualidad, ya hecho y trazado, el círculo de sus amistades: y eso es lo que ocurría al abogado. El suyo, lo formaban las personas de su familia o las que había conocido desde largo tiempo atrás. Sus afectos, como la hiedra, eran simples crecimientos producto de los años, y no implicaban ninguna aptitud especial del que los inspiraba. De ese tipo eran, sin duda, los lazos que lo unían con el señor Richard Enfield, un pariente lejano, muy conocido en la sociedad londinense. Para muchos era un enigma lo que cada uno encontraba de interesante en el otro, o de qué podían tratar cuando estaban juntos. Los que se encontraban con ellos en los paseos dominicales, decían que parecían mortalmente aburridos y que hubieran recibido como un reconfortante socorro la aparición de cualquier amigo. Y sin embargo, ambos ponían el mayor interés en esas excursiones, las consideraban como lo más agradable de cada semana, y, para no interrumpirlas, no sólo rechazaban otros motivos de esparcimiento, sino que hasta llegaban a desatender sus obligaciones.

Sucedió que en una de esas caminatas fueron a dar en cierta travesía a uno de los barrios de más tránsito de Londres. Era una calle corta y de las consideradas tranquilas, aunque de un comercio activo en los días de trabajo. Se notaba que sus habitantes prosperaban y que competían con la esperanza de prosperar todavía más, gastando en lujos superfluos el sobrante de sus ganancias; de tal modo los portales y escaparates se mostraban a lo largo de la calle con un aire invitador, como filas de sonrientes vendedoras. Incluso los domingos, cuando se quedaba casi desierta ocultando sus encantos más llamativos, y en contraste con la parduzca suciedad de sus inmediaciones, la calle resaltaba como una hoguera en la oscuridad de un bosque; y con los cierres recién pintados, los metales relucientes y la limpieza y alegría general de tono, en seguida atraía y recreaba los ojos de los transeúntes.

Dos puertas más allá de la esquina, en la acera de la izquierda, interrumpía la alineación la entrada a un callejón sin salida; y precisamente en aquel lugar, un edificio siniestro proyectaba el gablete de su tejado sobre la calle. De dos pisos de altura, sin otra abertura que la puerta de la planta baja, y encima de ella, como un rostro sin ojos, la pared deslucida del piso alto. En todos sus detalles se notaba la señal de un largo y sórdido abandono; la puerta, despintada y llena de arrugas, no tenía llamador ni timbre; los vagos que se refugiaban en el hueco usaban los paneles para encender sus cerillas; los niños jugaban a las tiendas en el umbral; los chicos de la escuela solían probar en las molduras el filo de sus cortaplumas, y debía haber pasado casi una generación sin que se presentase nadie para ahuyentar a esos visitantes errabundos o para reparar sus estragos.

Enfield y el abogado marchaban por la acera opuesta, y al llegar frente a la puerta, el primero levantó el bastón señalándola.

—¿Se ha fijado alguna vez en esa puerta? —preguntó Enfield.

Y como su acompañante le contestara que sí, continuó:

—Me recuerda una aventura muy rara.

—¿De veras? —dijo Utterson con una leve alteración en la voz— ¿Y qué fue?

—Pues verá: yo volvía a mi casa, desde un lugar casi en el fin del mundo, cerca de las tres de una oscurísima madrugada de invierno; iba caminando por una parte de Londres donde lo único que se veía eran los faroles del alumbrado. Calle tras calle, y todo el mundo dormido… una calle tras otra, todas iluminadas como para el paso de una comitiva y tan desiertas como una iglesia…; hasta que al fin empecé a entrar en ese estado de ánimo en que uno se pone a escuchar, y aguza el oído, y sólo desea la vista de un policía. De pronto, vi dos figuras: una, un hombrecito que marchaba de prisa, cojeando; otra, era una niña de unos ocho o diez años que salía corriendo de una calle transversal, y los dos chocaron al llegar a la esquina. Y aquí viene lo horrible del asunto: el hombre pasó, pisoteando con toda calma el cuerpo de la criatura, y la dejó chillando alaridos en el suelo. Así contado, parece poca cosa; pero, visto fue demoníaco. No parecía el acto de un ser humano, sino el de un Juggernaut* infernal. Le grité, comencé a perseguirle, alcancé al hombre y le obligué a volver hasta el lugar, donde ya se había formado un grupo alrededor

* Una enorme y superpoderosa fuerza destructiva. Proviene de Jagannath, nombre que se daba a Vishnú, que era paseado en un carro enorme, bajo cuyas ruedas se arrojaban los fieles. [T.]

de la niña que sollozaba. Estaba absolutamente tranquilo y no opuso resistencia; pero me echó una mirada tan maligna que me produjo escalofríos. Los que estaban allí eran familiares de la víctima, y en seguida apareció un médico, en busca del cual había salido la niña de su casa. Bueno, el accidente no había tenido ninguna importancia; un simple susto, según el médico; y usted supondrá que aquí finaliza el cuento. Pero había un hecho raro: desde la primera mirada yo había sentido un intenso aborrecimiento por aquel hombre; a la familia de la niña le había pasado lo mismo, cosa que no tenía nada de extraño; pero lo que me asombró fue el caso del médico. Era el tipo corriente del curandero, hecho de molde, sin una edad definida, incoloro, con un fuerte acento de Edimburgo y tan impávido como un cántaro. Pues bien, estaba igual que todos nosotros: cada vez que miraba a mi prisionero se lo veía palidecer y atragantarse con los deseos de matarlo. Yo leía sus pensamientos tanto como él los míos, y como no podíamos optar por el crimen, hicimos lo único que podíamos hacer. Le dijimos que estábamos decididos a armar tal escándalo que su nombre iba a correr de boca en boca por todo Londres, que si tenía alguna amistad o prestigio que perder, nosotros nos íbamos a encargar de que eso sucediese. Mientras lo acorralábamos, teníamos que contener como podíamos a las mujeres, frenéticas como arpías, para evitar que se le echasen encima. Jamás había visto un odio como el que se pintaba en aquel cerco de rostros iracundos; y allí en el medio el hombre, con una especie de frialdad torva e insolente, atemorizado, eso sí, pero aguantando el chubasco como Satanás. »—Si ustedes quieren sacarme dinero por este percance casual, naturalmente me tengo que someter. Un caballero debe hacer todo lo posible para evitar cualquier escándalo. ¿Cuánto es?»

»Apretamos los tornillos hasta sacarle cien libras esterlinas para la familia de la niña. Por supuesto que quería zafarse, pero vio en nosotros algo tan amenazador que, al fin, capituló. Teníamos que conseguir el dinero inmediatamente, y ¿adónde supone que nos llevó? A esa casa de la puerta; sacó una llave, entró y volvió a salir casi en seguida con unas diez libras en oro y el resto en un cheque al portador contra el banco de Coutts, pagadero al portador, y firmado con un nombre que no puedo mencionar, aunque sea una de las sorpresas de mi relato; pero le diré, al menos, que era un nombre muy conocido y que a menudo se ve en letras de molde. La cantidad era fuerte, pero la firma, si era auténtica, valía mucho más. Me permití insinuar a nuestro caballero que aquello tenía todo el aspecto de una estafa y que no era muy común entrar por la puerta de un sótano a las cuatro de la mañana y salir con un cheque de noventa libras firmado por otra persona. Pero él seguía tan fresco y burlón.

»—Cálmese —me dijo— me quedaré con ustedes hasta que se abra el banco, y yo mismo cobraré el cheque.

Con eso nos pusimos en marcha el médico, el padre de la niña, el hombre, y yo; pasamos en mi casa el resto de la noche, y al día siguiente, después de desayunar, fuimos en comitiva al banco. Yo mismo presenté el cheque aclarando que tenía razones para creer que podía ser falso. Nada de eso; el cheque era auténtico.

—Vaya, vaya... —murmuró Utterson.

—Ya veo que piensa usted lo mismo que yo —continuó Enfield—. Sí, es un asunto extraño. Porque aquel hombre era uno de esos seres con los que nadie puede tratar, alguien verdaderamente diabólico; y la persona que firmaba el cheque era un ejemplo de honorabilidad, famoso además, y, lo que verdaderamente empeora el caso, uno de esos seres que se dedican a eso que llaman hacer el bien. Supongo que sería un caso de chantaje; un buen hombre, a quien están extorsionando por algún desliz de su juventud. De allí que, a la casa de la puerta yo la llamo «la casa del chantaje». Pero como ve, ni siquiera eso alcanza para explicarlo todo, —agregó y se quedó un largo rato pensativo.

Lo sacó de sus meditaciones, mister Utterson que, de pronto, le preguntó:

—Y, ¿no sabe si el firmante del cheque vive allí?

—¡Vaya un lugar para vivir! Recuerdo haber visto sus señas en alguna parte, y me parece que vive en no sé qué plaza…

—¿Tampoco le preguntó nada… acerca de la puerta?

—No —contestó Enfield— tenía mis escrúpulos. Me provoca gran aversión hacer preguntas: tienen mucho de la fatalidad del juicio final. Se pone en marcha una pregunta y es como si se empujara una piedra. Uno está sentado tranquilamente en lo alto de un monte, y allá va la piedra, arrastrando a otras en su movimiento, y a lo mejor, un pobre infeliz, el que uno menos podía imaginar, recibe el golpe en la cabeza, en su propio jardín, y su familia tiene que cambiar de apellido. No, señor; para mí ya es una regla: cuanto más extraño parece un asunto, menos preguntas.

—Muy buena regla, por cierto —dijo el abogado.

—Pero yo personalmente estuve estudiando estos lugares. En realidad, apenas una casa. No tiene ninguna otra puerta, y por la que tiene no entra ni sale nadie; a no ser, y muy de tarde en tarde, el caballero de mi aventura. En el primer piso hay tres ventanas que dan al callejón; en el piso bajo no hay ninguna. Las ventanas están siempre cerradas, pero limpias. Y además, hay una chimenea de la que siempre sale humo; así que allí debe vivir alguien. De todos modos, eso no es muy seguro, ya que los edificios están tan empotrados unos con otros por el lado del callejón, que resulta muy difícil decir donde acaba uno y empieza el otro.

La pareja continuó su paseo en silencio… hasta que mister Utterson dijo:

—Enfield, es una buena regla la suya.

—Así lo creo —contestó el otro.

—Y sin embargo, —continuó el abogado— hay un punto sobre el que tengo que preguntar: necesito saber el nombre del que pisoteó a la niña.

—Bueno. No veo ningún mal en decírselo. Se llamaba Hyde.

Mister Utterson carraspeó.

—¿Y qué aspecto tenía?

—No es fácil describirlo. En su aspecto hay algo que no es normal: algo desagradable, sinceramente detestable. Jamás he visto a nadie que me provocase tanta repulsión. Y, sin embargo, no podrá explicarle la causa. Debe tener algún defecto, aunque uno no se pueda explicar en qué consiste, da una impresión de cosa contrahecha. Es un hombre de aspecto extraño, y, sin embargo, no podría afirmar que tenga algo fuera de lo común. No, no acierto con ello, no podría describirlo. Y no es por falta de memoria, porque me parece estar viéndolo.

Utterson comenzó a andar otra vez silenciosamente, dando muestras de encontrarse agobiado por una gran preocupación:

—¿Está seguro de que utilizó una llave? —preguntó finalmente.

—¡Amigo mío!… —exclamó Enfield, sorprendido y desconcertado.

—Sí, ya sé que debe resultarle extraño. La verdad es que si no pregunté el nombre de la otra persona es porque ya lo sabía. Como ve, Richard, su historia ha dado en el blanco. Si no ha sido exacto en algún detalle, convendría que lo rectificase.

—Creo que debería haberme prevenido, —contestó el otro levemente irritado—, pero he sido, como usted dice, pedantemente exacto. El hombre tenía una llave. Y todavía más: aún la tiene y yo se la he visto usar hace menos de una semana.

Utterson suspiró profundamente; pero ya no volvió a pronunciar una palabra; y el joven continuó:

—Esta es otra lección para no abrir la boca. Estoy avergonzado de mi charlatanería. Hagamos el trato de no hablar más de este asunto.

—Con toda mi alma —contestó el abogado—. Trato hecho, Richard.

En busca de mister Hyde

Al oscurecer, mister Utterson llegó a su casa de soltero, con el ánimo abatido, y se sentó a comer sin apetito. Los domingos, al terminar de comer, tenía por costumbre acomodarse en una butaca junto al fuego, con un libro de áridas disquisiciones teológicas en el atril, hasta que en el reloj de la iglesia vecina sonaban las doce y, entonces, satisfecho y edificado, se iba a la cama. Aquella noche, sin embargo, apenas levantaron la mesa, tomó una palmatoria y se dirigió hacia su despacho, abrió la caja de caudales, y sacó del rincón más escondido un pliego, en cuyo sobre se leía: «Testamento del doctor Jekyll», y sentándose, con aire preocupado, se dedicó a estudiar su contenido. El testamento era hológrafo, ya que mister Utterson, aunque una vez redactado se encargó de su custodia, no había querido tomar parte en su otorgamiento. En él se disponía, no tan sólo que al ocurrir el fallecimiento de Henry Jekyll, doctor en Medicina y en Derecho Penal y Civil, miembro de la Sociedad Real, etc., etc., todo cuanto poseía pasara a ser propiedad de su «amigo y bienhechor Edward Hyde», sino también que, en caso de «desaparición o ausencia inexplicada» del doctor Jekyll «por un período mayor de tres meses», el nombrado Edward Hyde, entraría, en el acto, en posesión de todos los bienes, sin adquirir ninguna obligación ni carga, fuera del reparto de algunos insignificantes legados entre la servidumbre del doctor. Desde hacía mucho tiempo, este documento se había convertido en una pesadilla para el abogado. Le ofendía a la vez como letrado y como hombre que, amante de los caminos simples y trillados de la vida, consideraba todo lo original como pedante. Y si hasta entonces lo que aumentaba su indignación había sido su ignorancia de quién pudiera ser mister Hyde, ahora, en un cambio repentino, era el saberlo. Si estaba mal cuando aquel nombre no era más que un simple apelativo, del cual nada más podía averiguar; mucho peor ahora, cuando empezaba a estar rodeado de odiosos atributos; y de las tenues y vagas brumas que por tanto tiempo habían velado su mirada, comenzaba a destacarse, precisa y definida, la imagen de un malvado.

—Pensé que era locura —se dijo, guardando otra vez el documento en la caja—, pero empiezo a temer que sea deshonor.

Se puso un gabán, sopló la lámpara y salió en dirección a Cavendish Square, ese emporio de la medicina, donde su amigo, el famoso doctor Lanyon, tenía una clínica donde atendía a una multitud de clientes.

—De saberlo alguien —había pensado—, Lanyon lo sabe.

El solemne mayordomo lo conocía y lo recibió cortésmente. No le hizo hacer antesala, y desde la puerta lo condujo al comedor, donde el doctor Lanyon estaba de sobremesa, sólo, saboreando una copa de vino. Era un hombre saludable, de rostro rubicundo, con un mechón de pelo prematuramente blanco, inquieto, y de ademanes enérgicos y ruidosos. Al ver a Utterson saltó de la silla y le estrechó ambas manos. A primera vista, la cordialidad de aquel hombre tenía algo de teatral; pero nacía de un sentimiento sincero. Compañeros de escuela y de instituto, los dos eran viejos amigos; cada uno de ellos sentía un gran respeto por sí mismo y por el otro y, lo que no siempre es una consecuencia, gozaban en mutua compañía.

Después de hablar de todo un poco, el abogado fue encauzando la conversación hacia el asunto que tan desagradablemente le preocupaba.

—Me parece, Lanyon —dijo— que nosotros debemos ser los dos amigos más antiguos de Henry Jekyll.

—¡Ojalá no tan antiguos! —contestó riéndose el doctor Lanyon—, pero creo que es así. ¿Y qué hay con eso? Ahora, lo veo muy de vez en cuando.

—¿De veras? Siempre pensé que vosotros teníais cosas en común que os interesaban.

—Las teníamos. Pero hace ya más de diez años que Henry Jekyll se fue volviendo mucho más original de lo que yo podía soportar. Empezó a torcerse, a torcerse intelectualmente; y aunque, como es natural, me intereso por él en recuerdo de los viejos tiempos, como suele decirse, lo he visto y lo veo muy rara vez. Una posición tan anticientífica —continuó el doctor, enrojeciendo repentinamente— habrían hecho reñir hasta a Damón y Pitias.

Ese ligero desahogo de cólera logró tranquilizar algo a Utterson. «Estos —pensó— se han enemistado sólo por algún tema de ciencia», y como no era un hombre de sentir pasiones científicas (excepto en cuestiones de escrituras de traspaso)— se permitió pensar: «No ha sido por nada importante».

Dejó pasar unos segundos para que su amigo se tranquilizara, y abordó la cuestión que había ido a aclarar:

—¿Te has encontrado alguna vez con un protegido suyo, llamado Hyde?

—¿Hyde? —repitió Lanyon—. No, nunca oí hablar de él, al menos en mi tiempo.

Y esas fueron todas las noticias que el abogado se llevó a su cama, grande y sombría, en la que estuvo dando vueltas de un lado para otro mientras iban pasando las primeras horas de la madrugada. Fue una noche muy poco descansada para su atareado cerebro, que trabajaba envuelto en densas tinieblas e interrogantes.

Cuando dieron las seis en el reloj de la iglesia, que estaba tan a mano de la casa de mister Utterson, éste todavía continuaba sumido en su problema. Hasta ese momento, sólo la inteligencia se empeñaba en resolverlo; pero ahora, también la imaginación entraba en el juego o, mejor dicho, quedaba aprisionada en él; y mientras yacía y se agitaba en la espesa oscuridad de la noche, el relato de Enfield pasaba ante sus ojos como una sucesión de cuadros iluminados. Veía el vasto panorama de luces en una Londres silenciosa, la figura de un hombre que marchaba de prisa, la de una niña que salía corriendo de la casa de un médico, y a las dos figuras chocando, y luego a aquel Juggernaut con figura humana que, pisoteando a la niña caída, seguía su marcha sin hacer caso de sus gritos. Otras veces veía el salón de una casa suntuosa y a su amigo, el doctor Jekyll, dormido, soñando y sonriente; de pronto la puerta que se abre, las cortinas del lecho que se separan bruscamente y… parado a su lado a aquel que tenía el poder, incluso en aquella hora nocturna, para obligarlo a levantarse y a cumplir sus mandatos. Como una obsesión, el protagonista de esas dos escenas, persiguió al abogado durante toda la noche; y si momentáneamente llegaba a adormecerse, era sólo para seguir viéndolo deslizarse, furtivo y cauteloso, a través de casas en donde todos dormían, o marchar cada vez más rápidamente, hasta producir vértigo, por los inmensos laberintos de la ciudad llena de luces, aplastando en cada esquina a una niña y dejándola herida y llorando. Y sin embargo, aquella figura no tenía un rostro por el cual pudiera conocerla; hasta en los sueños le faltaba la cara, o la tenía de tal modo que, burlándose de él, se desvanecía en cuanto la miraba. Así surgió en Utterson una curiosidad intensa, desenfrenada, de conocer los rasgos del verdadero Hyde. Pensaba que si lograba verlo una sola vez, el misterio se aclararía, o quizá desapareciese del todo, como ocurre habitualmente con lo misterioso cuando se lo examina de cerca. Quizá lograra encontrar la razón que explicara la extraña preferencia o el cautiverio (el nombre no importaba) de su amigo, y aún más, las insólitas cláusulas de su testamento. Por lo menos, sería una cara que valdría la pena de que se la viera: la cara de un hombre en cuyo corazón no existía la piedad; una cara que, sólo por dejarse ver, tenía el poder de hacer surgir en el impasible espíritu de Enfield tan irreprimible odio.

Fue desde aquel día, que Utterson comenzó a rondar por la calle de las tiendas. A la mañana, antes del horario de oficina; al mediodía, cuando su tiempo era más escaso y sus ocupaciones mayores; a la noche, bajo la brumosa faz de la luna londinense. Bajo todas las luces y en todas las horas, de soledad o de tránsito, el abogado se encontraba en el lugar que había elegido.

—Si él es mister Hyde —se decía— yo seré mister Seek.*

Y, por fin, vio recompensada su paciencia. Ocurrió en una noche fría, pero serena, en que la atmósfera parecía helada; las calles, limpias como un salón de baile; y las luces de gas, inmóviles en el quieto aire, proyectaban simétricos dibujos de claridades y sombras. A las diez, cuando los comercios cerraban, la calle se quedaba silenciosa y solitaria, a pesar del rumor sordo de Londres, que llegaba de todas partes. Aún desde lejos se percibían los más tenues sonidos, desde ambas veredas se oían con claridad los ruidos domésticos de las casas vecinas y, al acercarse algún transeúnte, el rumor de sus pasos lo precedía largo rato. Mister Utterson llevaba ya algunos minutos en su puesto, cuando se dio cuenta de un ruido de pasos, raros y ligeros, que se iban acercando. Durante sus guardias nocturnas se había acostumbrado al curioso efecto producido por las pisadas de una sola persona, muy lejana aún, que, de pronto, se aíslan y destacan del vasto zumbido rumoroso de la ciudad; y, sin embargo, su atención nunca había sido atraída de un modo tan definido y enérgico, por lo que, con un supersticioso presentimiento de triunfo, se refugió en la entrada del callejón.

* Hide —que se pronuncia como Hyde— significa en inglés «esconder» y seek significa «buscar».

Las pasos se acercaban rápidamente, y su sonido creció de repente cuando doblaron la esquina. Utterson, acechando desde su escondite, pudo ver inmediatamente el tipo de hombre con quien tenía que habérselas. Era de corta estatura y estaba vestido muy modestamente, y aún desde aquella distancia, produjo en el que espiaba una inexplicable repulsión. Cruzando la calle para ganar tiempo, se dirigió directamente hacia la puerta; al acercarse, sacó la llave del bolsillo, como quien llega a su casa.

Adelantándose, Utterson le tocó en el hombro la pasar.

—¿Es usted mister Hyde?

Hyde se echó hacia atrás sobresaltado; pero el temor fue sólo momentáneo y, a pesar de que no miraba al abogado, contestó con bastante naturalidad:

—Así me llamo. ¿Qué quiere usted?

—He visto que usted iba a entrar… Soy Utterson, de la calle Gaunt, un antiguo amigo del doctor Jekyll; supongo que usted me habrá oído nombrar…, y como lo he encontrado tan oportunamente, pensé que quizás usted me permitiría pasar.

—No hubiera encontrado usted al doctor Jekyll: él no está en casa —contestó Hyde, introduciendo la llave en la cerradura, pero aún sin levantar la mirada—. ¿Cómo me ha conocido? —preguntó.

—Y usted, ¿no querría hacerme un favor? —preguntó a su vez Utterson.

—Con mucho gusto, ¿qué desea?

—¿Quiere usted permitirme que le vea la cara? —dijo el abogado.

Hyde pareció vacilar, y luego, como obedeciendo a un súbito impulso, levantó la cabeza con aire desafiante; los dos quedaron mirándose fijamente durante unos segundos.

—Ahora, ya lo reconoceré a usted —dijo mister Utterson—. Puede llegar a ser útil.

—Sí —afirmó Hyde—. Realmente está bien que nos hayamos conocido; y, a propósito, quiero darle a usted mi dirección. —Y le indicó al abogado un número y el nombre de una calle en el Soho.

«¡Dios mío! —pensó Utterson—. ¿También habrá estado pensando en el testamento?». Pero se guardó sus reflexiones, limitándose a dar las gracias.

—Y ahora —dijo el otro—, ¿cómo me ha conocido usted?

—Por una descripción.

—¿De quién?

—Usted y yo tenemos amigos comunes.

—¡Amigos comunes! —repitió como un eco mister Hyde—. ¿Quiénes son?

—Jekyll, por ejemplo —dijo el abogado.

—¡Él jamás le ha hablado a usted de mí! —exclamó Hyde, rojo de ira—. No pensé que fuera usted capaz de mentir.

—Vamos... —dijo Utterson— su lenguaje no es nada decoroso.

Hyde dio un gruñido, que acabó en una salvaje carcajada; y con pasmosa rapidez, abrió la puerta y desapareció dentro de la casa.

Una vez solo, el abogado permaneció inmóvil en el sitio en que lo dejó Hyde, como la imagen misma de la perplejidad. Después empezó a caminar, lentamente, calle arriba, deteniéndose a cada paso y llevándose la mano a la frente, como dominado por una honda preocupación. El problema que, mientras se alejaba, pretendía comprender era de los que rara vez se resuelven. Hyde era desmedrado y pálido y, aunque uno no pudiera señalar ningún defecto en su conformación, producía una impresión de deformidad; tenía una desagradable sonrisa, hablaba con voz opaca, baja y entrecortada, y se había conducido con el abogado con una rara mezcla homicida de cobardía y audacia; pero ni siquiera eso alcanzaba a explicar esa aversión que nunca antes había sentido, ni el odio y el espanto con que mister Utterson lo recordaba. «Debe haber algo más —dijo el perplejo caballero—. Tiene algo más, aunque no encuentre las palabras para describirlo. ¡Ese hombre no parece un ser humano! ¿Será que tiene algo de troglodítico? ¿O no será más bien que un alma perversa irradia a través del barro que la contiene, y transfigura ese barro al penetrarlo? Probablemente sea eso, porque si alguna vez, ¡ay, mi pobre Harry Jekyll!, he creído leer en una cara la firma de Satanás, ha sido en la de tu nuevo amigo».

Al dar vuelta la esquina, saliendo del callejón, había una plaza rodeada de bellas y antiguas casas, que habían decaído de su antigua grandeza y que se alquilaban, por pisos y cuartos a todo tipo de gente: grabadores de mapas, arquitectos, oscuros abogados y agentes de empresas no menos oscuras. Sin embargo, una de aquellas casas, la segunda después de la esquina, conservaba todavía su disposición de vivienda individual; y fue en la puerta de esa mansión —que mostraba un aspecto de comodidad y riqueza, aunque estuviese envuelta en la oscuridad sin otra luz que la que salía por la banderola de la entrada— donde Utterson se detuvo y llamó. Un criado anciano, muy bien vestido, le abrió la puerta.

—Poole —dijo el abogado—, ¿está el doctor Jekyll?

—Voy a ver, mister Utterson —contestó el criado, haciendo pasar al visitante a un amplio y cómodo hall, de techo bajo, decorado con costosos muebles de roble, con piso de losa y entibiado, al estilo de las casas de campo, por una resplandeciente chimenea abierta—. ¿El señor prefiere aguardar aquí, junto al fuego, o que encienda la luz del comedor?

—Esperaré aquí, muchas gracias —contestó mister Utterson.

Acercándose al fuego, se apoyó en la alta reja de metal que lo protegía. El salón, en donde se había quedado solo, era el orgullo de su amigo Jekyll, y el mismo Utterson lo citaba como uno de los más acogedores de Londres. Y, sin embargo, aquella noche sentía escalofríos que le helaban la sangre; en su memoria persistía obstinadamente la cara de Hyde; sentía, cosa rara en él, como una náusea y desapego por la vida; y, desde la negrura de su humor le parecía ver algo amenazador en los trémulos reflejos del fuego sobre la pulida superficie de los muebles y en los inquietos saltos de las sombras que se proyectaban en el techo. Se avergonzó por la gran tranquilidad que le produjo el regreso de Poole para anunciarle que el doctor Jekyll había salido.

—Acabo de ver entrar a mister Hyde por la puerta de la antigua sala de disecciones. ¿Es eso correcto, Poole, estando ausente el doctor Jekyll?

—Absolutamente, mister Utterson. El señor Hyde tiene una llave de esa puerta.

—Según parece, Poole, el señor tiene gran confianza en ese joven —dijo mister Utterson, con expresión abstraída.

—Sí, señor, mucha. A todos nos ha dado orden de que le obedezcamos.

—No creo haber encontrado nunca al señor Hyde aquí. ¿Verdad?

—Es probable, señor. Nunca come aquí —contestó el mayordomo—. En realidad, lo vemos muy poco por esta parte de la casa; usualmente entra y sale por el laboratorio.

—Buenas noches, Poole.

—Buenas noches, señor Utterson.

Y el abogado volvió a su casa con el corazón oprimido. «¡Pobre Jekyll! —pensaba— ¡Mucho me temo que ande en malos pasos! Ya era alocado en su juventud; es verdad que hace ya mucho tiempo de eso; pero para la ley de Dios no existe el capítulo de las proscripciones. ¡Ay! debe ser eso: el fantasma de algún viejo pecado, el cáncer de alguna oculta vergüenza; el castigo que llega pede claudo cuando ya la memoria ha olvidado y nuestra propia indulgencia ha perdonado la falta.» Y, alarmado ante esa idea, comenzó a pensar en su propio pasado, tanteando en los oscuros rincones de su memoria, temeroso de que, inesperadamente, saliera a luz alguna antigua iniquidad. Podría decirse que su pasado estaba limpio, debían ser contados los que podrían leer con menor aprensión el archivo de su vida; y, sin embargo, se humillaba por las mucha cosas malas que había hecho, hundía la frente en el suelo para volver a elevarse después a un estado de serena y temerosa gratitud por las muchas que estuvo a punto de hacer y que, al fin, consiguió evitar. Y volviendo al tema anterior de sus preocupaciones, creyó vislumbrar un destello de esperanza. «Este caballero Hyde —pensó—, si uno investigara, debe tener sus propios secretos, secretos negros como él mismo, comparados con los cuales peores del pobre Jekyll parecerían rayos de sol. Este no puede continuar así. Me causa terror pensar en ese monstruo deslizándose como un ladrón hasta la cama de Harry. ¡Pobre Harry, qué despertar! Porque si este Hyde llega a sospechar la existencia del testamento, puede empezar a sentir impaciencia por heredar. Sí, tengo que protegerlo… si Jekyll me deja —agregó—, si Jekyll quiere dejarme.»

Porque en su imaginación volvía a ver, una vez claras como en un transparente, las extrañas cláusulas del testamento.

La tranquilidad del doctor Jekyll

Quiso la buena suerte, que dos semanas después, el doctor Jekyll obsequiase con una de sus agradables comidas a cinco o seis de sus más íntimos amigos, viejos camaradas, todos inteligentes, hombres de alta reputación y jueces muy competentes en materia de vinos añejos. Mister Utterson, que naturalmente también estaba invitado, se las arregló de tal modo que consiguió quedarse el último cuando los demás se marcharon. Lejos de ser algo insólito, esto ocurría muy a menudo. Cuando agradaba, agradaba de veras. Los anfitriones se alegraban de retener al seco jurisconsulto, cuando los charlatanes y los frívolos se habían marchado; les agradaba descansar un rato en su discreta compañía, aclarando sus espíritus en el confortable silencio de aquel hombre, preparándose para la soledad, después del desgaste y el esfuerzo de la reunión. El doctor Jekyll no era la excepción a esta regla; y mientras estaba sentado en el lado opuesto de la chimenea —un cincuentón alto, buen mozo, de rostro sereno, acaso con una velada sombra de disimulo, pero con todos los rasgos de inteligencia y bondad— podía observarse en su mirada el cordial y cálido afecto que sentía por mister Utterson.

—Jekyll, me he quedado porque quería hablarte —comenzó el abogado—. ¿Recuerdas las cláusulas de tu testamento?

Aunque podía notarse que el tema le resultaba desagradable, el doctor lo aceptó sin perder su buen humor.

—Mi querido Utterson. Te compadezco de todo corazón. Jamás he visto a nadie tan asustado como te vi a ti por mi testamento; a no ser a aquel pedante de Lanyon, ante lo que él llamaba mis herejías científicas... Sí, ya sé que es una excelente persona; no necesitas incomodarte; una bellísima persona, con la que siempre estoy deseando que nos veamos más a menudo; pero, con todo, es un pedante, ignorante y charlatán. Con nadie he sufrido un desengaño tan grande como con Lanyon.

—Ya sabes que nunca estuve muy de acuerdo con aquello —continuó Utterson, dejando bruscamente de lado el nuevo tema.

—¿Con el testamento?... Sí, es verdad, lo sé —contestó con cierta frialdad el doctor—. Ya me lo has dicho otras veces.

—Bueno, pues te lo vuelvo a repetir. Y más ahora, ya que me han dado ciertos informes sobre ese joven Hyde.

Hasta los labios palidecieron en el semblante hermoso y varonil del doctor Jekyll, y por sus ojos pasó fugazmente una sombra.

—No me interesa escuchar nada más —dijo—. Creo que habíamos convenido en no hablar más de este asunto.

—Lo que me han dicho de él es abominable.

—Abominable o no, eso no altera en nada este asunto. No comprenderías mi situación —contestó el doctor con cierta incoherencia en el tono—. Es verdaderamente penosa, Utterson. Mi posición es muy extraña… muy extraña. Hay asuntos que no pueden arreglarse con conversación. Y éste es uno de ellos.

—Jekyll, tú me conoces —dijo Utterson—, soy un hombre en el que se puede confiar. Cuéntame todo con absoluta confianza, y no dudo que lograré sacarte de esta situación.

—Mi buen Utterson, eres el bien personificado, la esencia de la bondad, y nunca sabré cómo agradecerte tu interés. Estoy absolutamente seguro de lo que me dices; confiaría en ti más que en nadie en el mundo; sí, más que en mí mismo, si me fuera posible elegir. Pero no es nada de lo que tú te imaginas, ni tampoco tan malo como tú supones; y precisamente para tranquilizar tu buen corazón voy a decirte una cosa: de mí depende quedar libre del señor Hyde, en el mismo momento que yo lo decida. Y sólo quiero añadir una palabra más, que espero, Utterson, que no tomes a mal; ésta es una cuestión privada y te ruego que no te ocupes de ella.

Utterson reflexionó un rato, con la mirada fija en el fuego.

—Creo que tienes absoluta razón —dijo al fin, poniéndose de pie.

—Bien; pero ya que hemos estado hablando esto, y espero que por última vez, hay un punto que quisiera que entendieses bien. Es verdad que tengo un gran interés por el pobre Hyde. Ya sé que lo has visto, él mismo me lo dijo, y me temo que haya estado algo grosero. Pero, verdaderamente, tengo un enorme, grandísimo interés por ese joven. Y si yo llegara a morir, Utterson, quiero que me prometas que serás indulgente con él y que defenderás sus derechos. Estoy seguro que si estuvieses enterado de todo, lo harías. Me quitaría un peso de encima si me lo prometes.

—No puedo prometer que él llegue alguna vez a resultarme simpático.

—No es eso lo que te pido —dijo Jekyll, con tono suplicante y tomando al abogado por el brazo—. Sólo te pido justicia, sólo te pido que lo ayudes, por afecto a mí, cuando yo ya no esté entre vosotros.

Utterson; dejó escapar un suspiro y dijo:

—Bien, lo prometo.

El caso del asesinato de Carew

Aproximadamente una año después, en octubre de 18..., el público de Londres fue sorprendido por un crimen de singular ferocidad, tanto más notable cuanto que la victima era una persona de elevada posición. Se conocían escasos detalles, pero todos ellos eran muy poco comunes. Una sirvienta que vivía sola en una casa cercana al río, subió a su habitación, para acostarse, a eso de las once. Aunque a la madrugada la ciudad llegó a quedar envuelta en la niebla, en las primeras horas de la noche el cielo todavía estaba despejado, y la calle que se veía desde la ventana del cuarto aparecía brillantemente iluminada por la luna llena. Seguramente, la muchacha tenía cierta predisposición romántica, ya que, arrobada en vagos ensueños, se sentó en el baúl colocado al pie de la ventana. Jamás se había sentido —solía decir, dejando correr las lágrimas cuando relataba lo ocurrido— tan en paz con todo el mundo, ni había experimentado mayor sosiego y placidez en las cosas que la rodeaban. Y mientras estaba así sentada, observó que por la calle se acercaba un apuesto caballero anciano, de blancos cabellos, que en dirección contraria avanzaba otro señor muy pequeño, en el que apenas se fijó. Cuando llegaron a ponerse al habla —lo que precisamente sucedió debajo de su ventana— el más viejo hizo una reverencia y se acercó al otro con un gentil ademán de reverencia. El motivo de la conversación no parecía ser demasiado importante: parecía que el anciano tan sólo trataba de orientarse en su camino. Mientras hablaban, la luna iluminaba su rostro, y la muchacha se deleitaba mirándolo, ya que de él parecía desprenderse como un halo de candorosa y anticuada bondad; y al mismo tiempo, sin embargo, con una cierta altivez en su porte, como nacida de una justa valoración sobre sí mismo. Fijándose después en el otro, quedó sorprendida al reconocer a cierto señor Hyde, que en una oportunidad había visitado a su amo, inspirándole una gran antipatía. Tenía éste en la mano un recio bastón, con el que jugueteaba mientras que, sin contestar ni una palabra a su interlocutor, parecía escucharlo con una impaciencia mal reprimida. Y, de pronto, su cólera estalló como un explosivo, comenzando a dar patadas en el suelo, blandiendo el bastón, y actuando, según dijo la muchacha, como un verdadero demente. El anciano, al parecer un tanto extrañado y algo ofendido, retrocedió un paso, y entonces, el señor Hyde perdió todo control y comenzó a apalearlo hasta derribarlo por tierra. Y un instante después, con salvaje frenesí, comenzó a pisotear a su víctima y a descargar sobre ella tantos y tales golpes, que se oía el crujido de los huesos al romperse. La muchacha se desmayó frente al horror de ese espectáculo.

Cuando volvió en sí eran ya las dos de la mañana, y se dirigió a dar aviso a la policía. El asesino se había ido mucho antes; pero allí, en medio de la calle, yacía su víctima destrozada de un modo increíble. El bastón que había servido para cometer el crimen —aunque era de una madera muy rara, dura y recia— estaba partido en dos; tal había sido la violencia de la demente agresión, y una mitad, astillada, había rodado hasta el borde de la acera, la otra, sin duda, estaba en poder del asesino. A la víctima se le encontraron un reloj de oro y un portamonedas; pero no tarjetas ni otros documentos, salvo un pliego lacrado y con franqueo —que, al parecer, llevaba al correo— con el nombre y la dirección de mister Utterson.

Aquella misma mañana, y cuando todavía estaba en la cama, un policía se presentó en la casa del abogado; al ver el pliego y cuando le dijeron las circunstancias del caso, Utterson alargó solemnemente el labio inferior y dijo:

—No diré una palabra hasta que no haya visto el cadáver; pero este asunto me parece muy serio. Tenga usted la bondad de aguardar mientras me visto.

Con el mismo grave continente, después de desayunar rápidamente, se fue en un coche a la estación de policía, a donde ya habían trasladado el cadáver. Y cuando entró al depósito, Utterson dijo, moviendo la cabeza de arriba a abajo:

—Sí, lo reconozco. Siento decir que es sir Danvers Carew.

—¡Caramba! ¿Será posible? —exclamó el policía, y en seguida brilló en sus ojos la ambición profesional—. Esto va a provocar mucho ruido. Y quizás usted pueda ayudarnos a detener a su autor. —Y en pocas palabras le contó lo que la muchacha había visto y le mostró el bastón roto.

En cuanto oyó el nombre de Hyde, el señor Utterson se había estremecido, pero cuando le enseñaron el bastón ya no pudo dudar: roto y desfigurado como estaba, comprobó que era el mismo que, muchos años antes, él había regalado a Henry Jekyll.

—Este mister Hyde, ¿es un hombre de baja estatura? —preguntó.

—Particularmente pequeño y muy mal encarado, según dice la muchacha —dijo el oficial—.

Utterson meditó un instante y después, levantando la cabeza, dijo:

—Si quiere venir conmigo en mi coche, me parece que podré conducirlo a la casa de ese hombre.

Para entonces, eran cerca de las nueve de la mañana, y ya había levantado la primera bruma de la estación. Un gran manto de color chocolate ocultaba el cielo, pero el viento embestía y dispersaba continuamente aquella masa de vapores. Y así, mientras el coche rodaba por las calles, Utterson se dedicaba a contemplar la infinita variedad de matices y tonalidades de la luz crepuscular: aquí, oscuridad como al comienzo de la noche, más allá, un cárdeno fulgor parduzco, como el reflejo de un extraño incendio; en otro lado, y sólo por un instante, la niebla se había disgregado y entre los flotantes jirones de bruma se filtraba un lívido rayo de sol. El triste barrio del Soho, entrevisto en esos cambiantes atisbos, con sus calles fangosas y sus desharrapados habitantes, con sus luces de gas, que no se habían llegado a apagar o habían sido nuevamente encendidas para combatir aquel fúnebre regreso de las tinieblas, surgía ante la mirada del abogado como los restos de una ciudad de pesadilla. Por otra parte, sus pensamientos no eran menos sombríos, y cada vez que, a hurtadillas, miraba a su compañero de viaje sentía vagamente algo de ese terror a la justicia y a sus agentes que, a veces, puede asaltar al más honesto de los hombres.

La niebla se había disipado un poco, cuando el coche se detuvo en la dirección indicada, y mister Utterson pudo ver una calle renegrida, una taberna, una casa de comidas francesas de baja categoría, una tienducha de variadas y míseras mercaderías, muchos chicos andrajosos acurrucados en los quicios de las puertas y varias mujeres de distintas nacionalidades, que salían, llave en mano, a tomar la copa de la mañana. Pero después, la niebla se volvió a espesar en aquellos lugares, negra como el hollín, y lo dejó aislado, ocultándole las canallescas cercanías. Allí estaba la vivienda del favorito de Henry Jekyll, del presunto heredero de un cuarto millón de libras esterlinas.

Abrió la puerta una vieja de rostro amarillento y cabellos plateados. Tenía una expresión torva, suavizada por la hipocresía, pero sus modales eran finos. Dijo que, en efecto, allí vivía mister Hyde, pero que en ese momento estaba ausente. Que aquella noche había venido muy tarde y se había vuelto a marchar una hora más tarde. Eso no era demasiado raro en él, ya que era de costumbres desordenadas y frecuentemente estaba ausente y, como ejemplo, la noche pasada lo había visto después de una ausencia de dos meses.

—Está bien. Ahora queremos ver sus habitaciones —dijo el abogado. Y como la mujer empezara a protestar diciendo que eso era imposible, agregó—: Más vale que usted se entere de quien es este señor: es el inspector Newcomen, de Scotland Yard.

Por los ojos de la mujer pasó un destello de rencorosa alegría.

—¡Ah! —exclamó—. ¡Lo han agarrado! ¿Qué fue lo que hizo?

Utterson y el policía cambiaron una mirada.

—Por lo que parece, usted no siente por él grandes simpatías —comentó el inspector—. Y ahora, buena mujer, déjenos a este señor y a mí que echemos una mirada alrededor.

De toda la casa, habitada solamente por la vieja, el señor Hyde había utilizado sólo dos habitaciones; pero ambas estaban arregladas con esplendidez y buen gusto. Había una despensa llena de vinos, el servicio de mesa era de plata; la mantelería, lujosa; las alfombras eran mullidas y de bellos colores y un buen cuadro, regalo (se imaginó Utterson) de Henry Jekyll, colgaba de una de las paredes. Sin embargo, en aquel momento, todo señalaba que había sido, apresurada y recientemente, dado vueltas de arriba a abajo: en el suelo, ropas desparramadas y con los bolsillos dados vuelta, los cajones de las cómodas estaban abiertos, y en la chimenea había un montón de cenizas grises, como si se hubieran quemado muchos papeles. El inspector desenterró del montón, el lomo verde, respetado por el fuego, de un talonario de cheques. La otra mitad del bastón apareció detrás de la puerta; y como esto completaba las pruebas, el funcionario se manifestó encantado. Una visita al Banco, donde encontraron varios miles de libras esterlinas en la cuenta del asesino, aumentaron su alegría.

—Créame, caballero —dijo a Utterson— que es como si ya estuviera en mis manos. Tiene que haber perdido la cabeza para dejarse el bastón y, sobre todo, para quemar el talonario. El dinero significaba la vida para él. Ahora lo único que tenemos que hacer es esperarlo en el Banco y redactar los edictos.

Esto último no era, sin embargo, tan fácil de realizar, porque el señor Hyde había tenido muy pocos amigos —el mismo patrón de la sirvienta que presenció el crimen, sólo lo había visto dos veces—; por ninguna parte pudo encontrarse rastros de su familia, jamás se había retratado, y los pocos que podían dar señas suyas estaban en completo desacuerdo, como suele ocurrir entre observadores vulgares. Concordaban en un solo punto, y era en la obsesionante sensación de indescriptible deformidad que el fugitivo dejaba en cuantos le veían.

El asunto de la carta

Ya había anochecido, cuando Utterson llegó a la puerta del domicilio del doctor Jekyll, donde fue recibido por Poole, quien inmediatamente le condujo, atravesando los departamentos de la cocina y un gran patio que en algún momento fuera jardín, hasta el edificio conocido indistintamente como laboratorio o sala de disecciones. El doctor había comprado la casa a los herederos de un célebre cirujano, y, como sus aficiones eran más cercanas a la química que a la anatomía, había cambiado el destino de la construcción que se levantaba al final del jardín. Era la primera vez que el abogado entraba en aquella parte de la residencia de su amigo, y, echando una mirada a su alrededor, contempló con curiosidad el ennegrecido edificio sin ventanas, con una desagradable sensación de extrañeza, repleto un día de inquietos estudiantes, y ahora silencioso y vacío, con las mesas cargadas de aparatos de química, el suelo sembrado de pajas y cajas de embalar, y la luz filtrándose débilmente a través de la brumosa cúpula. En el extremo opuesto, un tramo de escalera terminaba ante una puerta forrada de bayeta roja: y por ella penetró, al fin, en el gabinete del doctor. Era una habitación amplia, rodeada de armarios de vidrio y amueblada, entre otras cosas, con un espejo de cuerpo entero montado sobre columnas y una mesa de trabajo; tres ventanas, polvorientas y enrejadas, daban al callejón. En la chimenea ardía el fuego, y en la repisa había una lámpara encendida, porque hasta en el interior de las casas empezaba a espesarse la niebla; y allí, al abrigo del calor, estaba sentado el doctor Jekyll, al parecer mortalmente enfermo. No se levantó para recibir al visitante, sólo le tendió una mano helada, Saludándolo con voz temblorosa. Poole salió dejándolos solos.

—¿Ya te has enterado de la noticia? —preguntó Utterson.

El doctor se estremeció.

—La estaban gritando en la plaza —dijo—, los oí desde el comedor.

—Una sola palabra —dijo el abogado—: Carew era cliente mío, pero tú también lo eres y necesito saber lo que hago. ¿No habrás sido tan loco que hayas escondido a ese hombre?

—Utterson, te juro ante Dios, lo juro, que jamás he de volver a verlo. Te doy mi palabra de honor que he terminado con él en este mundo. Todo ha terminado. Y, la verdad, que no necesita de mi ayuda; tú no lo conoces como no, está a salvo, completamente a salvo. Acuérdate de lo que te digo: jamás se volverá a saber nada de él.

El abogado escuchaba con expresión sombría; no le gustaba la febril exaltación de su amigo.

—Parece que estás muy seguro de él y espero, para bien tuyo, que estés en lo cierto. Si se llegara a abrir el proceso, tu nombre aparecería necesariamente.

—Estoy absolutamente seguro —contestó Jekyll—. Tengo mis razones para estarlo, pero no se las puedo confiar a nadie. Pero en una cosa puedes aconsejarme: he recibido... he recibido una carta y no sé si debería entregarla o no a la policía. Quisiera dejar el asunto en tus manos, Utterson; estoy seguro de que tu decisión será la más acertada; confío completamente en ti.

—¿Acaso temes que pueda servir para facilitar su detención?

—No —contestó Jekyll—. Ya no me importa nada de lo que pueda sucederle a Hyde. He terminado definitivamente con él. Pensaba en mi propia reputación, que este odioso asunto puede poner en peligro.

Utterson rumió el asunto por un rato; estaba sorprendido del egoísmo de su amigo, y sin embargo se alegraba de ello.

—Bueno —dijo finalmente—, déjame ver la carta.

Estaba escrita con una letra rara, vertical, y firmada por «Edward Hyde», y en ella se consignaba, con bastante laconismo, que el benefactor del firmante, el doctor Jekyll, a quien tan indignamente había recompensado por sus infinitas generosidades, no tenía que preocuparse por la seguridad del que escribía, ya que contaba con medios de fuga en los que tenía absoluta confianza. Al abogado no le pareció mal la carta: daba a aquella intimidad un aspecto mejor que el que él se había temido, y se censuraba a sí mismo por algunas sospechas pasadas.

—¿Tienes el sobre? —preguntó.

—Lo quemé sin darme cuenta de lo que hacía. Pero no tenía sello de correo; la carta fue entregada a mano.

—¿Quieres que la guarde y consulte el caso con la almohada? —preguntó Utterson.

—Quiero que tú decidas por mí eternamente. He perdido toda confianza en mí mismo.

—Bien, lo pensaré —contestó el abogado—. Y ahora una sola palabra más: ¿Hyde te dictó la cláusula en tu testamento acerca de tu desaparición?

El doctor permaneció como sobrecogido por un amago de síncope, apretó los labios y asintió con la cabeza.

—Lo sabía —dijo Utterson—. Has tenido la suerte de escapar milagrosamente.

—He tenido —contestó solemnemente el doctor— algo que importa mucho más. He tenido una lección... ¡Dios mío! ¡Y qué lección, Utterson! —Y por un instante se cubrió la cara con las manos.

Al salir, el abogado se detuvo y cruzó algunas palabras con Poole.

—A propósito —dijo—, hoy han traído una carta, ¿qué aspecto tenía el que la entregó?

Pero Poole estaba seguro que no se había recibido nada, a no ser por el correo y «se trataba únicamente de folletos», había añadido.

Tales noticias hicieron partir al visitante con todos sus temores renovados. Era evidente que la carta había llegado a la puerta del laboratorio, hasta era posible que hubiera sido escrita en el gabinete, y, de ser así, había que juzgarla de distinto modo y manejarla con mayor cautela. Por el camino, a lo largo de las aceras, los vendedores de periódicos gritaban hasta enronquecer: «¡Edición especial! ¡Terrible asesinato de un miembro del Parlamento!» Aquello era la oración fúnebre de un amigo y cliente y el abogado no podía desechar el temor de que el buen nombre de otro amigo se viera envuelto en el torbellino del escándalo. La decisión que tenía que tomar era, por lo menos, escabrosa; y aún acostumbrado como estaba a confiar en sí mismo, empezó a acariciar un vago deseo de recibir consejo.

Poco después, se encontraba sentado al lado de la chimenea con el señor Guest, su primer secretario. A mitad de camino entre los dos, había una mesita, a una distancia del fuego calculada con sabia minuciosidad, y sobre ella una botella de cierto vino añejo que había descansado mucho tiempo a la sombra de los sótanos de la casa. La ciudad todavía seguía sumergida en la niebla y los faroles del alumbrado refulgían como brillantes; y a través del obstáculo aislador de esas nubes caídas, que amortiguaban el ruido, la vida de la ciudad continuaba rodando intermitente por las grandes arterias, con un rumor como el de un gran viento lejano. Pero el resplandor del fuego alegraba la habitación; en la botella, los ácidos se habían endulzado hacía mucho tiempo; con la vejez, el rojo púrpura había perdido su crudeza como un vitral que se hace más rico de en tonos con los años; y el esplendor de las cálidas tardes otoñales en las laderas soleadas de los viñedos, estaba allí, en la botella, esperando para que se le dejara libre y disipara las brumas de Londres. Imperceptiblemente, el abogado se iba ablandando. Eran pocos los secretos que solía guardar con Guest y no siempre estaba seguro de guardar todos los que se proponía. Guest había frecuentado la casa del doctor Jekyll para tratar los asuntos de éste; conocía a Poole, y era probable que hubiese sabido algo de la influencia de Hyde y deducido algunas consecuencias. ¿No sería, entonces lo mejor que viese la carta que explicaba satisfactoriamente aquel misterio? Y, especialmente, siendo que Guest se dedicaba a la grafología y era todo un perito en materia de letras. ¿No lo interpretaría como algo natural y como un acto de amabilidad? Además, el secretario era un hombre prudente, no era difícil que, al leer el documento hiciera alguna observación que ayudara a Utterson para encaminar su conducta futura.

—Es muy lamentable el caso de sir Danvers —dijo Utterson para iniciar la conversación.

—Es cierto. Ha causado indignación general —contestó Guest—. Por supuesto, ese hombre estaba loco.

—Me gustaría conocer su opinión sobre ese punto, Guest. Tengo aquí un documento escrito por él; y esto debe quedar entre usted y yo, porque es un asunto feo y todavía no sé lo que debo hacer. He aquí una cosa que entra dentro de sus habilidades: es el autógrafo de un asesino.

A Guest le brillaron los ojos y empezó a estudiar con ardor el documento.

—No, señor —dijo—, no es de un loco; pero es una letra rara.

—Y, por lo visto, de un escritor muy extraño —agregó el abogado.

Precisamente en aquel momento entró un criado con una nota.

—¿Es del doctor Jekyll? —preguntó el secretario—. Me pareció reconocer la letra. ¿Es algo reservado, señor Utterson?

—Es sólo una invitación para una comida. ¿Por qué? ¿Quiere usted verla?

—Sólo un momento. Muchas gracias —el secretario puso las dos hojas una al lado de la otra y examinó minuciosamente su contenido. —Gracias —dijo finalmente, devolviendo las cartas, es un autógrafo muy interesante.

Hubo una pausa durante la cual el abogado sostuvo una intensa lucha interior.

—¿Por qué las ha comparado usted Guest? —preguntó de pronto.

—Bien, señor, tienen una curiosa semejanza; las dos letras son, en ciertos rasgos, idénticas; sólo se diferencian en la inclinación.

—Es curioso —dijo Utterson.

—Es curioso, como usted dice —respondió Guest.

—Yo no hablaría ni una palabra de esta carta —dijo el abogado.

—No, señor —contestó el secretario—. Entendido.

Apenas Utterson se quedo solo, guardó la carta en la caja de caudales, en donde quedaría de allí en adelante.

«¿Qué es esto? —pensó—. ¡Henry Jekyll realizando falsificaciones en beneficio de un asesino!...»

Y sintió como si la sangre se le helase en las venas.

El notable caso del doctor Lanyon

Pasó el tiempo, se ofrecieron miles de libras esterlinas para descubrir al asesino, ya que la muerte de sir Danvers fue considerada como una ofensa pública. Pero Hyde había desaparecido, fuera del alcance de la policía, como si jamás hubiese existido. Se desenterró mucho de su pasado y todo en él era ignominioso; se relataron historias de la crueldad de aquel hombre, a la vez impasible y violenta, de la abyección de su vida, de sus extrañas compañías, del odio que siempre y en todas partes había despertado; pero de su paradero, ni una palabra. Desde el momento en que se fue de la casa del Soho, en la mañana del crimen, parecía haberse esfumado; y mister Utterson, poco a poco y a medida que pasaba el tiempo, empezó a dominar la inquietud de su alarma y su espíritu se fue apaciguando. La muerte de sir Danvers estaba, a su parecer, largamente compensada con la desaparición de Hyde. Liberado de aquella influencia diabólica, había empezado una nueva vida para el doctor Jekyll. Salió de su retiro, reinició el trato con los amigos y fue una vez más su huésped habitual o su anfitrión; y si siempre había sido conocido por su caridad, ahora no lo era menos por su religiosidad. Trabajaba, hacía mucho ejercicio al aire libre, practicaba el bien; en su sereno semblante parecía traslucirse la interior satisfacción de sentirse útil; y por espacio de más de dos meses, el doctor vivió en paz consigo mismo.

El 8 de enero, Utterson junto con otros amigos había comido en casa del doctor. Lanyon también estaba y las miradas del doctor Jekyll habían ido del uno al otro, como en los lejanos días en que eran inseparables compañeros. El día 12, y otra vez el 14, el abogado había vuelto a la casa del doctor, pero las dos veces se encontró con la puerta cerrada. «El doctor —le había dicho Poole— está encerrado en sus habitaciones y no recibe a nadie.» El 15 hizo otro intento para verlo, y otra vez se le negó la entrada. Habiéndose acostumbrado en los dos últimos meses a ver a su amigo casi diariamente, aquel retorno a la soledad entristecía su ánimo. La quinta noche tuvo a Guest a cenar, y la sexta se fue a ver al doctor Lanyon.

Allí, por lo menos le franquearon la entrada; pero, una vez adentro, se quedó atónito ante el cambio que había sufrido el aspecto de su amigo. Tenía escrita en la cara su sentencia de muerte. El rubicundo rostro había palidecido, estaba mucho más flaco, parecía más calvo y más viejo; pero esos síntomas de acelerada decrepitud, no llamaron tanto la atención del abogado como algo que observó en su mirada y en sus ademanes y que parecía demostrar que estaba sobrecogido por un intenso terror. No era muy probable que el doctor temiese a la muerte y, sin embargo, Utterson se inclinaba a creerlo así. «Es médico —pensó—, sabe que sus días están contados y ese conocimiento es superior a sus fuerzas.» Y, sin embargo, cuando Utterson le mencionó su mal aspecto, Lanyon, con tono firme y tranquilo, se declaró hombre perdido.

—He tenido una conmoción —dijo— y ya nunca me repondré. Es sólo cuestión de semanas. Bien, la vida ha sido agradable, gusté de ella, sí, me acostumbré a gustar de ella. A veces pienso que, si lo supiéramos todo, sería más agradable más morirnos.

—Jekyll también está enfermo —comentó Utterson— ¿Lo has visto?

El semblante de Lanyon se demució y, levantando una mano temblorosa, dijo con voz ronca e insegura:

—No quiero verlo ni oír hablar más del doctor Jekyll. He terminado definitivamente con esa persona, y te pido que evites toda alusión a alguien que para mí ha muerto. —¡Vamos, vamos!... —dijo Utterson.

Hubo un largo silencio, que el abogado rompió para preguntar—: ¿Yo no podría hacer algo? Somos tres amigos muy viejos, Lanyon, y ya no nos queda vida para encontrar otros nuevos.

—Nada puede hacerse —respondió Landon—; pregúntaselo a él mismo.

—No quiere verme —dijo el abogado—.

—No me extraña. Algún día, Utterson, después de mi muerte, quizá llegues a saber la razón de todo esto. Ahora, nada puedo decirte. Y entretanto, si puedes sentarte y hablarme de otras cosas, por Dios, quédate y hazlo; pero si no puedes apartarte de ese maldito tema, entonces, por Dios, vete, porque no podría soportarlo.

Tan pronto Utterson llegó a su casa, inmediatamente comenzó a escribirle a Jekyll, quejándose de que no lo recibiera y preguntándole la causa de aquella desdichada ruptura con Lanyon. Al día siguiente recibió una larga respuesta, redactada casi en su totalidad en términos hondamente patéticos y con una tendencia, a ratos, a una misteriosa oscuridad. La pelea con Lanyon no tenía remedio.

«No culpo a nuestro buen amigo —escribía Jekyll—, pero estoy de acuerdo con él en que no debemos vernos más. Pienso, de aquí en adelante, llevar una vida de extremo recogimiento, y no deberás sorprenderte, ni dudar de mi amistad si con frecuencia mi puerta está cerrada hasta para ti. Tienes que dejarme seguir el oscuro camino de mi vida. He atraído sobre mí un castigo y un peligro que no puedo nombrarte. Si soy el mayor de los pecadores, también soy el mayor de los arrepentidos. Nunca llegué a pensar que en este mundo podían sufrirse tormentos y terrores tan aniquiladores. Sólo una cosa puedes hacer, Utterson, para aliviar mi cruz: y es respetar mi silencio.»

La confusión envolvió a Utterson; la negra influencia de Hyde había desaparecido, el doctor había retornado a sus amistades y trabajos habituales; una semana antes, el futuro le sonreía con todas las esperanzas de una vejez placentera y honorable, y ahora, en un instante, todo se había desmoronado: la amistad, la tranquilidad de espíritu y todo el curso de su vida. Tan brusco e inesperado cambio podía ser un indicio de locura, pero, en vista de la actitud y las palabras de Lanyon, allí debían haber raíces más hondas.

Una semana después, cayó en cama el doctor Lanyon y falleció en menos de quince días. La noche después del funeral, que lo había afectado mucho, Utterson se encerró en su despacho y, a la luz de una melancólica bujía, sacó y puso ante sí un gran sobre con la dirección escrita por su difunto amigo y cerrado con un sello. «Reservado: para ser entregado "únicamente" a J. G. Utterson y, en caso de su muerte, para que se destruya sin ser leído.» Así decía, terminantemente, el sobre, y el abogado comenzó a temer lo que allí se encerraba. «Hoy he ido al entierro de un amigo —pensaba—, ¿y si esto me costase perder otro?» Desechó el miedo, como una deslealtad, y rompió el sello, adentro había otro pliego, también sellado, y en cuya cubierta decía: «No debe abrirse hasta después del fallecimiento o la desaparición del doctor Jekyll». Utterson no podía dar crédito a sus ojos. Sí, allí también decía «desaparición»; nuevamente, como en aquel estrafalario testamento —que hacía ya mucho tiempo había devuelto a su autor—, y aquí por segunda vez, la idea de una desaparición y el nombre de Henry Jekyll aparecían unidos. Pero, en el testamento la idea se debía a la siniestra sugestión de aquel Hyde; estaba consignada allí, con un propósito tan claro como horrible: escrita por Lanyon, ¿que podría significar? Una irresistible curiosidad se apoderó de Utterson, incitándolo a desobedecer la prohibición para llegar de una vez por todas hasta el fondo del misterio, pero la ética profesional y la fidelidad al amigo muerto eran para él deberes ineludibles, y también el paquete pasó a dormir en el rincón más profundo de la caja fuerte.

Una cosa es reprimir la curiosidad y otra muy distinta es vencerla. Desde aquel día, Utterson, si bien pensaba con afecto en su amigo sobreviviente y deseaba con igual ardor el volver a frecuentarlo, no podía evitar otros pensamientos intranquilos y temerosos. Es verdad que intentaba verlo, pero quizá sentía cierta satisfacción cuando se le negaba la entrada, y, tal vez, en el fondo de su corazón, prefería hablar con Poole en el umbral, al aire libre y sintiendo a su alrededor los ruidos de la ciudad, a penetrar en aquella casa transformada en voluntaria prisión y acompañar y charlar con el inescrutable recluso. Poole no tenía, en realidad, noticias muy agradables para comunicarle. Al parecer, el doctor vivía, ahora más que nunca encerrado en el gabinete contiguo al laboratorio y, a veces hasta dormía allí; se había vuelto taciturno, estaba muy silencioso, no leía, y parecía dominado por una gran preocupación. Utterson llegó a acostumbrarse tanto a la invariable repetición de esos informes que, poco a poco, fue haciendo cada vez más largos los intervalos entre sus visitas.

El misterio de la ventana

Sucedió que un domingo, cuando Utterson daba su acostumbrado paseo con Enfield, fueron a parar una vez más al callejón, y al llegar frente a la puerta, ambos se detuvieron y se quedaron mirándola.

—Bueno —dijo Enfield—, por fin se ha acabado aquella historia. Ya nunca más veremos al señor Hyde.

—Espero que no —dijo Utterson—. ¿Le conté que logré verlo una vez y que me produjo el mismo sentimiento de repulsión?

—Una cosa tenía que ir con la otra. Y, a propósito, ¡que tonto me debió considerar usted por no haberme dado cuenta de que esta era la puerta trasera de la casa del doctor Jekyll! En parte fue por culpa suya, el que yo lo descubriese cuando lo hice.

—¿De modo que llegó a descubrirlo? Entonces, siendo así, podemos entrar en el callejón y echar una mirada a las ventanas. Para decirle la verdad, estoy intranquilo por el pobre Jekyll y siento como si, aún desde afuera, la presencia de un amigo puede hacerle bien.

El callejón estaba muy húmedo y frío, sumido en un crepúsculo anticipado, aunque el cielo, allá arriba, sobre sus cabezas, aún brillaba con el sol del ocaso. De las tres ventanas, la del medio estaba entreabierta, y sentado junto a ella, tomando el aire, con un aspecto de infinita tristeza, como un prisionero sin esperanza, vio Utterson al doctor Jekyll.

—¡Eh! ¡Jekyll! —le gritó—. ¿Qué? ¿Estás mejor?

—Estoy muy deprimido, Utterson —contestó con voz lúgubre el doctor—. Muy deprimido. Gracias a Dios, ya no duraré mucho.

—Estás demasiado encerrado. Deberías salir, para movilizar tu sangre, como Enfield y yo… (Mi primo, el señor Enfield… El doctor Jekyll.) Vamos, ponte el sombrero y ven a dar una vuelta con nosotros.

—Te agradezco —suspiró el doctor—. ¡De buena gana lo haría! Pero no, no, es completamente imposible; no me atrevo. Pero, de veras, Utterson, me alegra mucho verte, me provoca un gran placer… Os pediría a ti y al señor Enfield que subiesen, pero este no es sitio para recibir a nadie.

—Pues entonces —dijo bondadosamente el abogado— lo mejor que podemos hacer es seguir donde estamos y hablarte desde aquí.

—Eso precisamente iba a atreverme a rogarles —contestó el doctor sonriendo.

Pero no bien terminó de pronunciar esas palabras, cuando de pronto se borró la sonrisa transformándose en una expresión de tan abyecto terror y desesperación, que heló hasta la médula a los dos que estaban abajo. Lo vieron como en un relámpago, porque, instantáneamente se cerró la ventana; pero aquel vislumbre había bastado y, dando la vuelta, salieron del callejón sin pronunciar una palabra. También en silencio continuaron caminando y, hasta que no llegaron a una calle cercana, en donde hasta los domingos había movimiento y vida, no se volvió mister Utterson a mirar a su acompañante. Los dos estaban pálidos; y cada uno vio en los ojos del otro un espanto que reflejaba al suyo.

—¡Dios nos valga! ¡Dios nos valga! —exclamó Utterson.

Enfield se limitó a asentir con la cabeza, muy serio, y otra vez reanudaron la marcha silenciosamente.

La última noche

Una noche, después de cenar, Utterson, que estaba sentado junto al fuego, se vio sorprendido por la visita de Poole.

—¡Hola, Poole! ¿Qué lo trae a usted por aquí? —exclamó. Y después de mirarlo con más atención, agregó—: ¿Qué le pasa a usted? ¿El doctor está mal?

—Señor Utterson —contestó Poole—, allí pasa algo malo.

—Siéntese usted y tome una copa de vino. Y ahora, serénese y dígame sencillamente qué es lo que ocurre.

—El señor ya sabe de las cosas del doctor y de cómo se encierra. Bueno, pues se ha encerrado otra vez en el gabinete, y no me gusta, señor mío. Que me maten, si me gusta. Tengo miedo, señor Utterson.

—Vamos, hombre, explíquese usted. ¿De qué tiene miedo?

—Tengo miedo desde hace más de una semana —contestó Poole, evadiendo obstinadamente la pregunta—, y ya no puedo soportarlo más.

Su aspecto confirmaba ampliamente sus palabras. Hasta sus buenos modales lo habían abandonado y, salvo al declarar por primera vez su terror, no había vuelto a mirar al abogado a la cara. En aquel momento, estaba sentado, con la copa de vino intacta sobre las rodillas y los ojos clavados en un rincón.

—¡Ya no puedo soportarlo más! —repetía.

—Vamos —dijo el abogado—, me imagino que tiene usted algún motivo muy serio. Intente decirme cuál es.

—Creo que allí alguien ha hecho una mala jugada —contestó Poole con voz ronca.

—¡Una mala jugada —exclamó el abogado no sólo asustado, sino también irritado—. ¿Qué tipo de mala jugada? ¿Qué quiere decir usted?...

—No me atrevo a decirlo, pero, ¿quiere usted venir conmigo y verlo por sí mismo?

La única respuesta de Utterson fue levantarse y ponerse el gabán y el sombrero observando, con sorpresa, la gran tranquilidad que aparecía en la cara del mayordomo y, con asombro no menor, que el vino estaba todavía intacto cuando éste lo dejó sobre la mesa para seguirle.

La noche era agitada y fría, propia de marzo, con una media luna pálida, caída hacia atrás como si el viento la hubiese volcado, y un torbellino de nubes de diáfana y algodonosa textura que volaban rápidamente. El viento dificultaba la conversación y enrojecía las caras y, además, parecía haber barrido de transeúntes la calle; Utterson pensó que nunca había visto tan desierta aquella parte de Londres. Y ojalá que no hubiese sido así, ya que nunca había sentido un deseo tan intenso de ver y tocar a sus semejantes, porque aunque luchaba por ahuyentarlo, pesaba sobre su espíritu el aplastante presentimiento de una desgracia. Cuando llegaron a la plaza, el viento levantaba nubes de polvo y hacía cimbrear los delgados árboles del jardín a lo largo de la verja. Poole, que durante todo el camino había caminado unos pasos adelante del abogado, se detuvo y, a pesar del frío penetrante, se quitó el sombrero y se secó la frente con un pañuelo rojo. La caminata había sido larga y hecha a paso veloz; pero no era esa la causa de aquel sudor, sino la infinita angustia que sentía, ya que su rostro estaba intensamente pálido y su voz se quebraba en sonidos guturales.

—Bien, señor. Ya estamos aquí, y Dios permita que no haya pasado nada malo.

—Amén, Poole, —le contestó el abogado.

Con esto, el criado llamó muy cautelosamente; la puerta se entreabrió, pero resguardada por la cadena, y una voz preguntó desde adentro:

—¿Es usted Poole?

—Soy yo; abre.

Cuando entraron, la sala estaba brillantemente iluminada, había una pila de carbón en la chimenea, y toda la servidumbre, hombres y mujeres, estaban apiñados como un rebaño de ovejas alrededor del fuego. Al ver a Utterson, la doncella rompió a gemir histéricamente, y la cocinera gritó:

—¡Gracias a Dios! ¡Es mister Utterson! —y se abalanzó como para estrecharlo entre sus brazos.

—¿Qué es esto? ¿Qué es esto? ¿Por qué están todos ustedes aquí? —preguntó severamente el abogado—. Esto no es correcto, no está bien. A vuestro amo no le haría ninguna gracia.

—Es que todos tienen miedo —dijo Poole.

Siguió un silencio inquietante, sin que ninguno protestase; sólo la doncella rompió a llorar ruidosamente.

—¡Cállate! —le ordenó Poole, con un acento feroz que delataba la tensión a que estaban sometidos sus nervios. Y, en realidad, al levantar la muchacha de pronto el tono de su lamento, todos se habían sentido estremecidos, volviéndose hacia la puerta interior con caras de temerosa expectación—. Ahora —continuó el mayordomo, dirigiéndose a un criado que servía la mesa traeme una vela y vamos a despachar este asunto de una vez seguido. Y rogando a mister Utterson que lo siguiera, lo precedió hacia el jardín.

—Ahora —dijo— acérquese usted con toda la precaución que pueda. Quiero que usted escuche sin que lo oigan. Y créame, señor; si por casualidad le dijese él que entrase, no lo haga usted.

Los nervios de mister Utterson, ante esta inesperada conclusión, dieron tal sacudida que estuvieron a punto de hacerle perder el equilibrio; pero reunió todo su valor y siguió al mayordomo al edificio del laboratorio y a través del anfiteatro, por entre los montones de frascos y embalajes, hasta el pie de la escalera. Una vez allí, Poole le hizo señas de que se detuviese a un lado y escuchara; y él, después de dejar la palmatoria en el suelo y haciendo un visible esfuerzo para decidirse, golpeó con mano insegura en la bayeta roja de la puerta del gabinete.

—Señor, mister Utterson quiere verle —dijo en voz alta, haciendo entre tanto exageradas señas al abogado para que escuchase.

Una voz quejumbrosa respondió desde adentro:

—Dígale que no puedo ver a nadie.

—Está bien, señor —dijo Poole, con un tono como de triunfo. Y, levantando la palmatoria, llevó a mister

Utterson, atravesando el patio, hasta la amplia cocina, donde el fuego estaba apagado y las cucarachas correteaban por el suelo.

—¿Señor, era esa la voz de mi amo? —dijo a mister Utterson, mirándolo a los ojos.

—Parece muy cambiada —contestó el abogado, palidísimo pero sin bajar la mirada.

—¿Cambiada? Está bien, sí, así me parece. ¿He estado yo veinte años al lado de una persona para que me engañen con su voz? No, señor. Al señor le han matado. Le han matado hace ocho días, cuando le escuchamos gritar: «Por Dios», y sólo Dios sabrá quién está allá en lugar de él y por qué está allí.

—Es una extraña historia, Poole; una historia inquietante —dijo mister Utterson mordiéndose un dedo—. Supongo que es lo que usted se imagina; supongamos que el doctor Jekyll haya sido... bueno... asesinado. ¿Qué podría llevar el asesino a quedarse? Eso no tiene sentido, no es nada razonable.

—Bien, mister Utterson, no es usted fácil de convencer, pero voy a hacerlo. Ha de saber usted que durante la última semana, él, o eso, cualquiera que sea lo que vive en el gabinete, ha estado clamando noche y día por cierta clase de medicina y no puede conseguirla a su gusto. A veces acostumbraba... él, el señor, por supuesto..., a escribir sus órdenes en una hoja de papel y dejarla en la escalera. No hemos tenido otra cosa en toda la semana pasada: nada más que papeles, y la puerta cerrada; y hasta las mismas comidas debían dejarse allí afuera, para que las atrapase a escondidas, cuando nadie lo viese. Bien, señor, diariamente y hasta dos o tres veces en el mismo día, ha habido órdenes y quejas y he tenido que salir volando a todas las droguerías de la ciudad. Cada vez que traía el género, allí estaba otro papel diciéndome que lo devolviese porque no era puro y otro pedido para otro almacén. Esa droga se necesita indispensablemente, sea para lo que sea.

—¿Conserva usted alguno de esos papeles?

Poole se palpó los bolsillos y sacó un arrugado papel, que el abogado, acercándose a la luz, examinó cuidadosamente. Decía así: «El doctor Jekyll saluda a los señores Maw y les asegura que su última muestra es impura y totalmente inútil para el propósito a que la destina. En el año 18… les compró una cantidad bastante considerable, y ahora les ruega que busquen con el mayor detenimiento, y si les queda algo de la misma calidad, que se lo envíen sin reparar en el precio. Es inútil destacar la importancia que esto tiene para el doctor Jekyll». Hasta aquí la nota estaba correctamente escrita, pero en este punto, con un repentino embarullamiento de la pluma, la emoción del que escribía se desbordó: «Por Dios —había agregado— búsquenme algo igual a lo de antes».

—Es un extraño pedido —dijo mister Utterson, y después agregó severamente—. ¿Cómo es que la tiene usted abierta?

—El dependiente de Maw se indignó mucho, y me la arrojó, como si fuera basura.

—Sin ninguna duda, ésta es la letra del doctor. ¿No le parece a usted? —resumió el abogado.

—También yo creía que se parecía —dijo el criado, mohino, y después con voz alterada, añadió—: Pero, ¡qué me importa la letra! ¡Le he visto!

—¿Visto? —repitió mister Utterson—. ¿Y qué?

—Sí, señor, y fue de este modo: entré de pronto en el anfiteatro desde el jardín. Al parecer se había deslizado afuera para buscar una droga, o lo que fuese, pues la puerta del gabinete estaba abierta y él estaba allí, al final de la habitación, buscando algo entre las jaulas. Cuando entré levantó la vista, dio algo así como un grito y se lanzó escaleras arriba hacia el gabinete. No lo vi más que un instante, pero el pelo se me puso de punta. Señor, si aquel era mi amo, ¿por qué tenía puesta una máscara? Si era mi amo, ¿por qué chilló como una rata y escapó ante mi presencia? Lo he servido durante tiempo, y ahora… —El hombre calló y se pasó la mano por la cara.

—Todas estas circunstancias son muy extrañas —dijo mister Utterson—, pero me parece que empiezo a ver claro. Evidentemente, Poole, el amo tiene una de esas enfermedades que torturan y deforman a un mismo tiempo al que las sufre; de ahí, según me figuro, el cambio en la voz; de ahí, la máscara y el que se oculte de sus amigos; de ahí, su ansia de encontrar esa medicina con la cual el pobre tiene alguna esperanza de curación… ¡y Dios quiera que no se engañe! Esta es la explicación espantosa y triste, Poole, pero natural y sencilla. Se ajusta bien a los hechos y nos alivia de todas las alarmas exageradas.

—Señor, aquello no era mi amo —dijo el mayordomo, volviendo a ponerse intensamente pálido—. Y esa es la verdad. El señor —y al llegar aquí miró alrededor y bajó el tono de voz— es alto y buen mozo, y aquello era más bien un enano que una persona.

Utterson quiso protestar.

—¡Señor! —exclamó Poole—, ¿va usted a creer que después de veinte años yo no conozco al amo? ¿Cree usted que no sé dónde llega con la cabeza en la puerta del gabinete, habiéndole visto allí todas las mañanas de mi vida? No, señor, aquel ser con la careta no ha sido nunca el doctor Jekyll, ...Dios sabe lo que era, pero nunca el doctor Jekyll; y creo de todo corazón que allí ha habido un asesinato.

—Poole, —respondió el abogado—, si usted dice eso, mi deber será aclararlo. Aunque no deseo mortificar a su amo, con todo lo confuso que me ha dejado esta carta, que parece demostrar que aún vive, consideraré que mi deber es forzar esa puerta.

—¡Eso es hablar, mister Utterson! —exclamó el mayordomo.

—Y ahora viene la segunda cuestión. ¿Quién ha de hacerlo?

—¿Quién? Usted y yo, —tal fue la valiente respuesta, y el abogado continuó:

—Muy bien dicho —contestó el abogado—, ocurra lo que ocurra, yo me encargaré de que usted no salga perjudicado.

—En el anfiteatro hay un hacha, y usted puede tomar el atizador de la cocina.

El abogado cogió el tosco y pesado instrumento y lo examinó.

—¿Sabe usted, Poole —dijo alzando la vista—, que usted y yo vamos a ponernos en una situación algo peligrosa?

—Puede usted afirmarlo con razón —respondió el mayordomo.

—Conviene entonces que seamos francos —dijo el otro—. Los dos pensamos bastante más de lo que decimos: hablemos con claridad. ¿Reconoció la figura enmascarada al verla?

—Le diré, señor, fue tan repentino y la persona iba tan encorvada que no me atrevería a jurarlo. Pero si usted quiere decir si era mister Hyde…, pues bien: sí, ¡creo era él! Vea usted, tenía la misma estatura y la misma ligereza, y además, ¿quién otro que no fuera él podría haber entrado por la puerta del laboratorio? ¿No recuerda usted que en la época del crimen él todavía tenía la llave? Y no es eso todo: no sé, mister Utterson, si usted alguna vez vio a este mister Hyde.

—Sí, —dijo el abogado—, una vez hablé con él.

—Entonces tiene usted que saber, como todos nosotros, que este señor tenía algo chocante… algo que a uno lo envolvía…, no sabría explicarlo pero era así; uno sentía como una especie de frío y de debilidad hasta en los huesos.

—Le confieso que sentí algo de lo que usted dice —dijo Utterson.

—Así es, señor. Pues bien, cuando aquel ser con la máscara, saltando como un mono entre los productos químicos, se escurrió en el gabinete, me corrió algo como hielo por la columna. Ya sé que eso no es una evidencia, mister Utterson, he leído lo suficiente como para saber eso, pero uno tiene su sentir, ¡y le juro a usted sobre la Biblia que era mister Hyde!

—Sí, sí —dijo el abogado—. Mis temores me llevan también por ese camino. Mucho mal… me temo que merecido…, mucho mal tenía que venir de aquellas relaciones. Sí, realmente le creo a usted; creo que han matado al pobre Harry, y creo que su asesino (sólo Dios sabrá con qué fines), todavía está rondando por el cuarto de su víctima. Bien, seamos sus vengadores. Llame usted a Bradshaw.

El lacayo, muy pálido y nervioso, acudió al llamado.

—Tranquilícese usted, Bradshaw —dijo el abogado—. El miedo los tiene a todos acobardados, pero estamos dispuestos a terminar con él. Poole y yo vamos a entrar por la fuerza en el gabinete. Si no ha pasada nada, yo asumiré toda la responsabilidad. Entretanto, por si algo ha sucedido en efecto, por si algún malhechor tratara de escapar por la puerta trasera, usted y el mozo den la vuelta a la esquina, con un par de buenas estacas, y monten guardia en la puerta del laboratorio. Les daré diez minutos para llegar a sus puestos.

Al irse Bradshaw, el abogado consultó el reloj.

—Y ahora, Poole, vayamos a lo nuestro —agregó. Y poniéndose el atizador bajo el brazo, abrió la marcha hacia el patio. Las nubes revoloteantes habían ocultado la luna y todo quedaba ahora sumido en la oscuridad. El viento, que sólo soplaba a ráfagas en aquella hondonada entre los edificios, agitaba de un lado para otro la luz de la bujía en torno de sus pasos, hasta que al llegar al abrigo del anfiteatro se sentaron a esperar en silencio. A su alrededor, Londres zumbada solemnemente, pero, más cerca, la quietud sólo era rota por el rumor de unos pasos que cruzaban de un extremo al otro el suelo del gabinete.

—Así se pasea todo el día, señor —susurró Poole—, y aun la mayor parte de la noche. Sólo se toma un descanso cuando llega un nueva muestra de la droguería.

Es su negra conciencia la que no le deja reposo. ¡Ay, señor!, en cada paso que da hay sangre criminalmente derramada. Pero vuelva a escuchar, algo más de cerca... Ponga toda el alma en los oídos, señor Utterson, y dígame: ¿cree usted que ése es el andar del doctor?

Los pasos se marcaban de un modo ligero y raro, con cierta impetuosidad, a pesar de ser tan lentos; ciertamente, en nada se parecían al andar recio y crujiente de Henry Jekyll. Utterson suspiró.

—¿Nunca ha pasado nada más? —preguntó.

Poole hizo un signo afirmativo.

—Una vez —dijo— lo he oído llorar.

—¿Llorar?¿Cómo es eso? —preguntó el abogado, con un repentino estremecimiento de horror.

—Llorar como una mujer o como un alma en pena —dijo el mayordomo—. Me alejé con el corazón encogido y con ganas de llorar yo también.

Pero los diez minutos ya habían pasado. Poole desenterró el hacha de debajo de un fardo de paja; colocaron el candelero en la mesa más cercana, para que los alumbrase en el ataque, y, conteniendo la respiración se acercaron a donde aquellos pasos pertinaces aún iban arriba y abajo, abajo y arriba en la quietud de la noche.

—¡Jekyll! —gritó Utterson con energía—. Te pido que me dejes verte. Esperó un momento, pero no hubo respuesta—. Te lo advierto lealmente: tenemos sospechas y necesito verte; y te veré; si no es por las buenas —agregó—, será por las malas... ¡Con tu consentimiento o con la fuerza bruta!

—¡Utterson, por el amor de Dios! —dijo la voz—. ¡Ten compasión!

—¡Esa no es la voz de Jekyll..., —exclamó Utterson— es la de Hyde! ¡Derribe la puerta, Poole!

Poole enarboló el hacha sobre su hombro; el golpe estremeció al edificio, y la puerta forrada de bayeta roja tembló entre la cerradura y los goznes. Un horrible alarido, como de un terror animal, se oyó en el gabinete. El hacha cayó una vez y otra vez, y volvieron a crujir los cuarterones y a temblar el bastidor; cuatro veces se repitió el golpe, pero la madera era dura y el herraje de excelente calidad, y recién al quinto hachazo la cerradura se partió y los restos de la puerta cayeron hacia adentro, sobre la alfombra.

Los sitiadores, sobrecogidos por su propio estruendo y la quietud que siguió después, se echaron un poco atrás y se quedaron mirando el interior. Allí, ante sus ojos, estaba el gabinete, a la luz apacible de la lámpara, con un buen fuego resplandeciente que chisporroteaba en la chimenea: el agua hirviendo en la tetera con un tenue silbido; uno o dos cajones abiertos; los papeles cuidadosamente ordenados en la mesa de trabajo, y cerca del fuego preparadas las cosas para el té. Podría decirse que aquella era la habitación más tranquila, y también, a no ser por los armarios de cristales llenos de productos químicos, la más vulgar de esa noche londinense.

Y justamente en su centro, yacía el cuerpo de un hombre, dolorosamente contraído y todavía agitado por violentos espasmos. Se acercaron cautelosamente, lo dieron vuelta y contemplaron la cara de Edward Hyde. Estaba vestido con un traje excesivamente grande para él y que correspondía a la corpulencia del doctor; los músculos de la cara aún se movían como un remedo de vida, pero la vida se había extinguido, y por el frasco roto que tenía en su mano y el fuerte olor a almendras que había a su alrededor, Utterson comprendió que estaba mirando el cuerpo de un suicida.

—Hemos llegado demasiado tarde —dijo severamente— para salvar y para castigar. Hyde ha ido a rendir sus cuentas, y sólo nos resta buscar el cuerpo de vuestro amo.

La mayor parte del edificio estaba ocupada por el anfiteatro, que abarcaba casi toda la planta baja y recibía la luz por arriba, y el resto por el gabinete, que formaba otro piso en un extremo y comunicaba con el callejón. Un pasillo unía al anfiteatro con la puerta de la travesía, y también el gabinete comunicaba con ella por medio de una segunda, escalera independiente. Había, además, un amplio sótano y unos pocos armarios oscuros. Todos fueron cuidadosamente examinados. Para cada armario les bastó una mirada, ya que todos estaban vacíos, y el polvo que caía de las puertas demostraba que no se habían abierto desde hacía mucho tiempo atrás. Por su parte, el sótano estaba atestado de toda clase de trastos de los tiempos del cirujano predecesor de Jekyll, y, ya en la antesala, el desprendimiento de un manto de telas de arañas que por muchos años había sellado la puerta, les advirtió de la inutilidad de más investigaciones. Por ningún lado había señas de Henry Jekyll, vivo o muerto.

Poole dio una patada en las losas del pasillo.

—¡Aquí debe de estar enterrado! —dijo, escuchando el ruido.

—O puede haber escapado —dijo Utterson, y se volvió para examinar la puerta de la calle; estaba cerrada, y junto a ella en las losas, encontraron la llave, completamente oxidada.

—No tiene señales de haber sido usada —observó el abogado.

—¡Usada! —repitió Poole—. ¿No ve usted que está rota, como si la hubieran aplastado de una patada?

—Sí —continuó Utterson—, y las roturas también están oxidadas.

Ambos se miraron asustados—. Poole —continuó el abogado—, no entiendo nada de esto. Volvamos al gabinete.

Subieron la escalera en silencio, y echando de vez en cuando una temerosa mirada al cadáver, se pusieron a inspeccionar con más detenimiento lo que había en el gabinete. En una mesa se veían huellas de trabajos químicos: varios montoncitos medidos de una sal blanca en platillos de cristal, como si hubieran sido preparados para un experimento que al desgraciado hombre le hubiesen impedido realizar.

—Esta es la misma droga que yo siempre le traía —dijo Poole, y en aquel momento el agua que hervía en la tetera se desbordó con un ruido alarmante.

Aquello los condujo hasta la chimenea, donde la butaca estaba arrimada, cómodamente, al fuego, y el servicio de té dispuesto al lado del que había de sentarse, hasta con el azúcar en la taza. En el estante había varios libros, y uno de ellos estaba abierto junto al servicio de té. Utterson vio con asombro que era un ejemplar de una obra piadosa que Jekyll tenía en gran estima, y que estaba anotada por su propia mano con atroces blasfemias.

En su inspección, llegaron después al espejo de cuerpo entero, en cuya diáfana profundidad miraron con involuntario horror, pero estaba inclinado de manera que sólo les dejaba ver el rosado fulgor de la lumbre jugueteando en el techo, las llamas reflejándose, cien veces repetidas, en el frente de cristal de los armarios, y a sus propias caras, pálidas y asustadas, que se inclinaban para mirar.

—Este espejo, señor, ha debido ver muchas cosas extrañas —murmuró Poole.

—Y seguramente ninguna tan extraña como su presencia aquí —contestó el abogado con el mismo tono—. Porque, ¿para qué Jekyll...? —y se contuvo en esta palabra con un súbito estremecimiento, pero venciendo esa debilidad, continuó—: ¿Para qué podía necesitarlo Jekyll?

—Tiene usted razón —asintió Poole.

Siguieron después registrando la mesa de trabajo. En el escritorio, entre los papeles prolijamente arreglados, se encontraba, en primer término, un gran sobre con el nombre de mister Utterson escrito de mano del doctor. El abogado lo abrió y cayeron al suelo varios pliegos. El primero era un testamento redactado en los mismos términos extravagantes que el devuelto por él seis meses antes y que debía servir como testamento en caso de muerte o como acta de donación en caso de desaparición; pero, en lugar del nombre de Edward Hyde, el abogado leyó, con indescriptible asombro, el de Gabriel John Utterson. Miró primero a Poole, después volvió a mirar el papel, y, por último, al malhechor muerto, tendido sobre la alfombra.

—¡La cabeza me da vueltas! —dijo—. Durante todo estos días este hombre ha estado aquí, como dueño absoluto; tenía motivos para odiarme; debía sentirse frenético al verse desheredado, y no ha hecho desaparecer este documento.

Tomó después el que le seguía: era una breve carta, de letra del doctor, que llevaba la fecha al comienzo.

—¡Poole! —gritó el abogado—. ¡Estaba vivo y ha estado aquí hoy mismo! ¡No es posible que se le haya hecho desaparecer en tan poco tiempo; debe de vivir, aún, y habrá huido! Pero, entonces, ¿por qué huir? ¿Y cómo? Y siendo así, ¿podremos aventurarnos a declarar que se trata de un suicidio? Tengamos mucho cuidado. Me temo mucho que si no, aún podamos atraer sobre el amo alguna tremenda catástrofe.

—¿Por qué no lee el señor la carta? —preguntó Poole.

—Porque tengo miedo —respondió solemnemente el abogado— y Dios quiera que no haya motivos.

Y con esto, se acercó el papel a los ojos y leyó:

> Mi querido Utterson: Cuando esta carta llegue a tus manos habré desaparecido, no sé de qué manera, porque eso no alcanzo a preverlo; pero mi instinto y todas las circunstancias de mi inexpresable situación me dicen que el fin es seguro y que debe llegar pronto. Vete, pues, y lee primero el relato que Lanyon pensaba dejar en tu poder, según me advirtió; y por si necesitas saber más, ahí tienes la confesión de tu indigno y desgraciado amigo,
>
> HENRY JEKYLL

—¿No había un tercer pliego? —preguntó Utterson.

—Aquí está, señor—contestó Poole, y le dio un voluminoso sobre lacrado en varios sitios.

Mister Utterson se lo guardó en el bolsillo.

—Yo no diría nada de este papel —dijo—. Si vuestro amo ha huido o está muerto, quizás, al menos podamos salvar su buen nombre. Ahora son las diez; tengo que ir a casa y leer con calma estos documentos; pero estaré de vuelta antes de medianoche, y entonces avisaremos a la policía.

Salieron, cerrando tras ellos la puerta del anfiteatro; y Utterson, dejando a los criados nuevamente agrupados en torno de la chimenea de la sala, comenzó a andar penosamente hacia su despacho, para leer los dos relatos que habían de esclarecer el misterio.

El relato del doctor Lanyon

El 9 de enero, hoy hace cuatro días, recibí por el correo de la noche una carta certificada, en cuya dirección reconocí la letra de mi colega y antiguo condiscípulo Henry Jekyll. Quedé bastante sorprendido, ya que no teníamos por costumbre el escribirnos; yo lo había visto, más aún, había cenado con él la noche anterior y nada en nuestro trato me hacía sospechar que resultara necesaria la formalidad de certificarlas cartas. Su lectura aumentó mi sorpresa, pues decía así:

«Querido Lanyon: Eres uno de mis amigos más antiguos, y aunque a veces hayamos disentido en cuestiones científicas, no puedo recordar, al menos de mi parte, ninguna interrupción en nuestro afecto. No ha habido un sólo momento en que si tú me hubieras dicho: «Jekyll, mi vida, mi honor, mi razón, dependen de ti», no hubiese yo sacrificado, sin vacilar, mi fortuna o mi brazo derecho para acudir en tu ayuda. Lanyon: mi vida, mi honor, mi razón dependen de ti. Si esta noche me fallas estoy perdido. Acaso pienses, después de este exordio, que voy a pedirte algo que sea deshonroso conceder. Juzga por ti mismo. Necesito que aplaces cualquier otro compromiso que tengas para esta noche… sí, aunque te llamasen a la cabecera de un emperador; que tomes un coche de punto, si el tuyo no estuviese a la puerta, y que, con esta carta en la mano, para consultarla en caso de duda, vayas derecho a mi casa. Mi mayordomo, Poole, ha recibido ya instrucciones y estará esperándote con un cerrajero. Hay que forzar la entrada de mi gabinete, y es necesario que entres solo, abrir la puerta del armario de cristales (letra E), a la izquierda, rompiendo la cerradura si fuera necesario, y sacar con todo lo que contiene tal como está, el cuarto cajón desde arriba, o lo que es lo mismo, el tercero desde abajo. En mi angustiosa turbación, tengo miedo de darte mal las indicaciones; pero, aunque me equivocase, podrás reconocer el cajón del que te hablo por lo que está en él: unos polvos, una redoma y un cuaderno. Te suplico que te lleves ese cajón contigo a Cavendish Square, precisamente tal como está. Esta es la primera parte del servicio, vamos a la segunda. Deberás estar de vuelta, si te pones en camino no bien recibas esta carta, mucho antes de medianoche; pero voy a dejarte todo este margen, no sólo por temor a uno de esos obstáculos que son imposibles de prever o evitar, sino también porque es preferible esa hora en que tus criados están en la cama, para lo que todavía queda por hacer. A medianoche, entonces, te pido que estés solo en tu sala de consulta, y que abras personalmente la puerta de la casa a un sujeto de parte mía, y que le entregues el cajón que te habrás llevado de mi gabinete. Entonces, tu parte habrá terminado, y mi gratitud será infinita. Cinco minutos después, si insistes en tener una explicación, habrás comprendido que todas esas disposiciones son de vital importancia, y que por no atender a alguna de ellas, por fantásticas que puedan parecerte, podías haber cargado en tu conciencia con mi muerte o la pérdida de mi razón. Aunque estoy convencido de que no tomarás a broma esta súplica, se me paraliza el corazón y me tiembla la mano ante la simple idea de esa posibilidad. Piensa que en este momento estoy en un lugar extraño, luchando bajo una angustia horrible, como no hay imaginación capaz de comprenderla, y sabiendo, sin embargo, que si me atiendes puntualmente, todas mis desdichas se terminarán como una pesadilla que se desvanece.

Tu amigo,

H. J.

P. S. —Cerrada esta carta, un nuevo espanto me ha sobrecogido el alma. Es posible que, por falta de correo, esta carta llegue a tus manos recién mañana por la mañana. En ese caso, querido Lanyon, cumple con mi encargo cuando te venga mejor en el transcurso del día; y espera otra vez a mi mensajero a medianoche. Quizás entonces ya sea demasiado tarde, y si la noche pasa sin que nada suceda, sabrás que ya no volverás a ver a Henry Jekyll.

Al terminar de leer esta carta, creí firmemente que mi colega se había vuelto loco; pero, mientras eso no se demostrase, sin posibilidad de duda, me consideré obligado a hacer lo que me pedía. Cuanto menos comprendía de aquel asunto, menos capacitado me consideraba para juzgar sobre su importancia, y un llamamiento concebido en tales términos no podía ser desoído sin grave responsabilidad. Me levanté, pues, de la mesa, me metí en un coche, y fui directamente a la casa de Jekyll. El mayordomo me estaba esperando; por el mismo correo que yo había recibido otra carta certificada con instrucciones, y en seguida había avisado a un carpintero y a un cerrajero. Ambos llegaron mientras hablábamos, y todos juntos nos dirigimos al antiguo anfiteatro quirúrgico del doctor Denman, desde el cual (como tú sabes), se puede entrar en el gabinete particular de Jekyll. La puerta era muy recia y la cerradura excelente; el carpintero confesó que le costaría mucho y se ocasionaría un gran destrozo si tenía que hacerse por la fuerza; y el cerrajero no sabía qué hacer, pero como era hombre bastante hábil, después de dos horas de labor, consiguió abrir la puerta. El armario marcado con la E estaba sin cerrar. Saqué el cajón, lo hice rellenar con paja y, envolviéndolo en un paño, volví con él a Canvendish Square.

Allí examiné su contenido. Los polvos estaban bastante bien empaquetados, pero no con la habilidad propia de los boticarios, de suerte que se veía que habían sido preparados por el mismo Jekyll, y cuando abrí uno de los papeles, encontré una simple sal cristalina de color blancuzco. El frasco, que examiné posteriormente, estaba lleno hasta la mitad de un líquido rojo y sanguíneo, muy acre al olfato, y que me pareció contener fósforo y algún éter volátil; nada pude adivinar de los demás componentes. El libro era un cuaderno corriente, y no contenía nada más que una serie de fechas.

Éstas comprendían un período de varios años, pero observé que las anotaciones habían cesado de pronto desde hacía un año, y bastante abruptamente. Seguían a la fecha, breves observaciones, generalmente de una palabra sola: «doble», la cual se repetía unas seis veces en un total de varios cientos de anotaciones; y una vez, al comienzo de la lista y entre varios signos de admiración: «¡¡¡fracaso total!!!» Todo esto, aunque estimulaba mi curiosidad, no me decía nada en concreto. Allí sólo había un frasco de cierta tintura, papeles con una sal y la anotación de una serie de experimentos que no habían conducido, como la mayoría de las investigaciones de Jekyll, a ningún resultado de utilidad práctica. La presencia de esas cosas en mi casa, ¿cómo podían influir ni en el honor, ni en la cordura, ni en la vida de mi imaginativo colega? Si su emisario podía ir a un lugar, ¿por qué no podía ir a otro cualquiera? Y aun suponiendo que pudiera haber algún impedimento, ¿por qué tenía que recibir yo a aquel caballero en secreto? Cuanto más lo pensaba más me iba convenciendo de que se trataba de un caso de enfermedad mental; y, aunque hice que mis criados se acostasen, cargué un viejo revólver para no encontrarme sin ningún medio de autodefensa.

Apenas habían sonado las doce sobre Londres, cuando el aldabón golpeó suavemente en la puerta. Acudí yo mismo y encontré a un hombrecillo acurrucado entre las columnas del pórtico.

—¿Viene usted de parte del doctor Jekyll? —le pregunté.

Con ademán embarazado me contestó que «sí», y cuando lo invité a entrar, echó antes una mirada de reojo a las tinieblas de la plaza. No demasiado lejos había un «policía», que se acercaba con su linterna encendida y me pareció notar que, a su vista, el visitante se estremecía y apresuraba.

Confieso que aquellos detalles me impresionaron desagradablemente y que, mientras lo seguía hacia la luz brillante de la sala de consulta, conservé mi mano aferrada sobre el arma. Allí, al fin, pude verlo a mi gusto. Jamás lo había visto antes; de esto, por lo menos, estaba seguro. Como ya he dicho, era pequeño; me chocaron la repulsiva expresión de su rostro, la rara combinación de gran energía muscular con una aparente debilidad de constitución y, por último, pero no menos, la extraña perturbación subjetiva que su proximidad producía: podría definirse como un escalofrío incipiente, acompañado de una notable disminución del pulso. En aquel momento lo atribuía a alguna idiosincrásica repugnancia personal, y solamente me sorprendieron la intensidad de los síntomas; pero después tuve razones para pensar que la causa yacía más hondamente en la naturaleza humana y que se apoyaba en algo más noble que el simple sentimiento de odio.

Aquel hombre (que ya desde el primer momento despertó en mí algo que no podría denominarse sino como una repulsiva curiosidad) estaba vestido de tal manera que habría llevado al ridículo a cualquier otra persona: vestidos llamésmole así, aunque de materiales ricos y sobrios, le quedaba desmesuradamente grandes por todos lados: los pantalones muy remangados para no tocar el suelo, colgaban como faldas sobre las piernas; la cintura de la chaqueta le caía hasta los muslos, y el cuello se abría desmesuradamente sobre los hombros. Y aunque parezca extraño, este grotesco atavío no producía el menor deseo de risa. Por el contrario, como en la esencia misma de aquel ser que tenía delante había algo anormal y deforme —algo que sobrecogía, chocaba y repelía— esta incongruencia parecía juntarse con aquella y reforzarla; y así, al interés que me despertaban la naturaleza y el carácter de aquel hombre, se agregaba la curiosidad por conocer su origen, su vida, sus vicisitudes y su situación en el mundo.

Estas observaciones, que tanto espacio ocupan al escribirlas, fueron, sin embargo, obra de escasos segundos. Mi visitante parecía, en efecto, estar sobre ascuas y dominado por una angustiosa agitación.

—¿Lo tiene usted? ¿Lo tiene? —gritó.

Su impaciencia era tan grande, que llegó a tomarme del brazo y hasta trató de sacudirme.

Lo rechacé, sintiendo al tocarlo que una sensación de frío me estremecía la sangre.

—Vaya, señor mío; usted se olvida —le dije— que aún no he tenido el honor de saber quien es usted. Siéntese si gusta.

Y di el ejemplo sentándome en mi silla acostumbrada, con una imitación tan perfecta de mi habitual actitud ante un paciente como me lo permitían lo avanzado de la hora, el tipo de mis preocupaciones y el horror que mi visitante me producía.

—Perdóneme usted, doctor Lanyon, —me contestó con cierta cortesía—. Tiene usted razón en lo que dice: mi impaciencia ha dominado mi educación. He venido a instancia de su colega, el doctor Henry Jekyll, para un asunto de bastante importancia, y tengo entendido que... —Se detuvo y se llevó la mano a la garganta, y pude observar que, a pesar de lo controlado de sus modales, estaba luchando con los primeros síntomas de un ataque de histeria—. ...tengo entendido que un cajón...

Pero al llegar a este punto sentí lástima de la angustia de mi visitante, y acaso también de mi propia curiosidad que iba en aumento.

—Allí está, señor —le dije, señalando el cajón en el suelo, detrás de una mesa y todavía cubierto con el paño.

Dio un salto hacia él y luego se detuvo, poniéndose la mano sobre el corazón. Le oía castañetear los dientes por el estremecimiento convulsivo de sus mandíbulas, y su semblante me pareció tan espectral que llegué a alarmarme a la vez por su vida y por su razón.

—Tranquilícese usted —le dije.

Se volvió hacia mí con una sonrisa temerosa y, con la decisión de los desesperados, arrancó el paño de un tirón. Al ver lo que había debajo, lanzó un ruidoso sollozo, expresión de un tan intenso consuelo, que me dejó petrificado en la silla. Y un momento después, con voz ya casi firme, me preguntó:

—¿Tiene usted una copa graduada?

Me levanté con un gran esfuerzo y le di lo que me pedía.

Me agradeció con una sonrisa, midió algunos gramos de la tintura roja y le agregó un papel de polvos. La mezcla, de un tono rojizo al principio, comenzó a abrillantarse de color y a efervescer ruidosamente a medida que se disolvían los cristales, despidiendo nubecillas de vapor. Repentinamente, la ebullición cesó y, al mismo tiempo, el brebaje adquirió un color púrpura oscuro que, a su vez, se fue desvaneciendo más lentamente para transformarse en un verde acuoso. Mi visitante —que había observado esas metamorfosis sin pestañear— se sonrió, dejó la copa sobre la mesa, se volvió y me miró con aire escrutador.

—Y ahora, —dijo— para acabar el asunto, ¿quiere usted ser prudente? ¿Quiere usted dejarse aconsejar? ¿Me permitirá que tome esta copa y salga de su casa sin más explicaciones? ¿O quizá se ha apoderado de usted la avidez de la curiosidad? Piense antes de responder, porque haré lo que usted diga. Según lo que decida, se quedará usted como está, ni más rico ni más sabio, aún cuando el servicio prestado a un hombre mortalmente angustiado debe contarse como un aumento de los bienes espirituales; o si no, y si usted lo prefiere, nuevos horizontes de la ciencia y nuevas sendas hacia el poder y la gloria quedarán abiertos ante usted, aquí, en esta habitación, en este mismo momento; y su vista quedará deslumbrada por un prodigio capaz de hacer tambalear la incredulidad del mismo Satán.

—Caballero —le dije aparentando una serenidad que estaba muy lejos de sentir— habla usted muy enigmáticamente, y no debe extrañarle que le escuche con escasa credulidad. Pero ya he ido demasiado lejos por este camino de servicios inexplicables, como para detenerme antes de haber llegado a su fin.

—Está bien, Lanyon, acuérdate de tus votos; lo que vas a ver cae bajo el secreto de nuestra profesión. Y ahora, tú que has estado durante tanto tiempo atado a las ideas más materiales y mezquinas; tú, que has negado las virtudes de la medicina trascendental; tú, que te has burlado de los que eran tus superiores…, ¡mira!

Se llevó la copa a los labios y la apuró de un trago. Profirió un grito, giró sobre sí mismo, dio un traspié, se agarró a la mesa y se mantuvo asido a ella, con los ojos inyectados, la respiración jadeante, y la boca abierta. Mientras lo miraba me pareció que empezaba a producirse un cambio…, como si se hinchase… La cara se le ennegreció súbitamente, parecía que las facciones se le alteraban y disolvían… Me incorporé, y de un salto, retrocedí hasta la pared con el brazo levantado para escudarme contra aquel prodigio, anonadado por el terror.

—¡Dios mío! ¡Dios mío! —grité una y otra vez; porque allí, ante mis ojos, pálido y tembloroso, casi desmayado y palpando ante sí con las manos, como un hombre que retornara de la muerte…, allí estaba ¡Henry Jekyll!

Lo que me dijo en la hora siguiente, no puedo decidirme a consignarlo en el papel. Vi lo que vi, oí lo que oí, y mi alma desfalleció; y, sin embargo, ahora, cuando aquella visión ha desaparecido de mi vista, me pregunto si creo en ello, y no alcanzo a responderme. Mi vida está removida hasta sus mismas raíces; el sueño ha huido de mí; un terror mortal me persigue día y noche, a todas horas; siento que mis días están contados, que debo morir y, sin embargo, moriré incrédulo. Respecto a la degradación moral que aquel hombre reveló ante mí en la hora siguiente, aunque con lágrimas de arrepentimiento, no puedo ni siquiera recordarla sin un estremecimiento de horror. Sólo te diré una cosa, Utterson, y eso, si puedes llegar a creerlo, será más que suficiente. El ser que aquella noche entró en mi casa era conocido, según la propia confesión de Henry Jekyll, con el nombre de Hyde y se lo perseguía por todos los rincones de la tierra como el asesino de Carew.

Hastie Lanyon

La declaración completa de Henry Jekyll

Nací en el año 18... como heredero de una gran fortuna. Fui dotado, además, de excelentes cualidades, con una natural inclinación al trabajo, deseoso del aprecio de los sabios y de los buenos entre mis semejantes, y por tanto, como puede suponerse, con todas las garantías de un porvenir honroso y distinguido. Y, en realidad, la peor de mis faltas consistía tan sólo en una disposición alegre, ansiosa de placeres, cualidad que ha hecho muy felices a otros, pero que, a mi entender, era muy difícil de conciliar con mi imperioso deseo de llevar la cabeza muy erguida y de ostentar ante el mundo una actitud más solemne que la habitual. De aquí vino a resultar la necesidad de ocultar mis goces, y cuando llegué a la edad de la reflexión y pude evaluar mis progresos y la posición que ocupaba en el mundo, estaba ya condenado a una profunda duplicidad en mi vida. Irregularidades como las que yo realizaba, hubieran sido para muchos incluso un motivo de vanagloria; pero, desde la altura de los ideales que yo me había señalado, las veía y ocultaba con un sentimiento casi morboso de vergüenza. Fueron pues, más lo exigente y rígido de mis aspiraciones, que no ninguna extraordinaria degradación en mis faltas, lo que me hacía ser tal como era y lo que separó en mí, con una zanja más honda que en la mayoría de los hombres, esas dos regiones del bien y el mal que dividen y completan nuestra doble naturaleza. Esto mismo me hizo meditar profunda e insistentemente en esa dura ley de la vida que está en la raíz de todas las religiones y que es una de las fuentes más copiosas de padecimiento. Aún siendo hombre de dos caras, no era yo, sin embargo, un hipócrita; mis dos aspectos eran auténticamente sinceros. Conservaba yo mi propio ser tanto cuando prescindía de todo freno y me hundía en la vergüenza, como cuando trabajaba, a la luz del día, en el adelanto de la ciencia o en remediar desdichas y sufrimientos ajenos. Y sucedió que la orientación de mis investigaciones, que tendía insistentemente hacia lo místico y trascendental, ejerció una gran influencia y proyectó viva luz en este conocimiento de la perenne lucha entre mis componentes. Día a día e insensiblemente, tanto desde el punto de vista moral como del intelectual, me iba sin cesar acercando a esta verdad, cuyo descubrimiento incompleto me ha condenado a tan horrendo naufragio: que, en realidad, el hombre no es uno sino dos. Y digo dos, porque el avance de mis propios conocimientos no ha llegado más allá de este punto. Otros vendrán después, otros que me dejarán atrás e irán más lejos por las mismas sendas; y aventuró la profecía de que el hombre será reconocido al fin, como una nueva comunidad de múltiples ciudadanos, incongruentes y heterogéneos. Yo, por mi parte, por la peculiar naturaleza de mi vida, avancé sin vacilar en una dirección y sólo en una; y fue en la esfera de lo moral y en mi propia persona donde llegué a comprender la completa y primitiva dualidad del hombre. Vi que las dos naturalezas luchaban en el campo de mi conciencia, y si podía decirse, con razón, que cualquiera de ellas era la mía, era porque esencialmente las dos lo eran; y, desde muy temprano, mucho antes de que en el proceso de mis descubrimientos científicos se vislumbrase la más vaga posibilidad de tal milagro, me había acostumbrado a acariciar con deleite, como un hermoso sueño, la idea de la separación de esos elementos. Si cada uno de ellos, me decía, pudiera ser alojado en una persona distinta, la Humanidad quedaría aliviada de una insoportable pesadumbre. El malvado seguiría su camino, libre de las aspiraciones y remordimientos de su inflexible hermano gemelo, y el justo podría caminar, firme, seguro, por su ascendente camino, practicando las buenas acciones en que encuentra su gozo y sin estar nunca más expuesto a deshonras y remordimientos por culpa de una maldad que no le pertenecía. El anatema de la humanidad era que estuviesen atadas juntas en un sólo haz esas dos tendencias antagónicas, y que en la dolorida entraña, en la conciencia, los dos gemelos irreconciliables mantuvieran una lucha sin tregua. Ahora bien, entonces ¿dónde están disociados?

Hasta ese punto había llegado en mis reflexiones, cuando una luz indirecta empezó a iluminar el tema desde la mesa del laboratorio. Comencé a percibir, en grado mayor de lo que hasta ahora se había llegado a insinuar nunca, la temblorosa inmaterialidad, la efímera inconsistencia, como la de una neblina, de este cuerpo, al parecer tan sólido, con el que andamos vestidos. Descubrí que había gente que tenía el poder de sacudir y arrancar esa carnal vestidura, como el viento puede agitar los jirones de una bandera. Por dos razones de peso no profundizaré demasiado en esta parte científica de mi confesión. La primera, porque he aprendido a mi costa que el sino y la carga de nuestra vida lo llevamos atado a los hombros para siempre y que, aunque intentamos sacudirlo, vuelve a nosotros con más extraña y espantable pesadumbre. La segunda, porque mi relato va a demostrar, ¡ay! con total evidencia, que mis descubrimientos eran incompletos. Baste, pues, con que señale que no solamente descubrí que mi cuerpo natural no era más que un simple hábito o el fulgor de las fuerzas que constituían mi espíritu, sino que conseguí componer una droga por cuyo medio se podía destronar a esas fuerzas de su supremacía, y sustituir aquella forma y apariencia por una segunda, no por eso menos natural en mí, que fuera la expresión y llevase el sello de los elementos más bajos de mi alma.

Vacilé mucho antes de someter esta teoría a la prueba de la experimentación. Sabía perfectamente que me jugaba la vida, ya que una droga que tenía un poder tal como para transformar y conmover el fundamento mismo de la personalidad podía, por un mínimo de exceso en la dosis o por una falta de oportunidad al administrarla, borrar, sin dejar ningún rastro, ese inmaterial tabernáculo que yo pretendía transformar por su mediación. Pero la tentación de un descubrimiento tan insólito y trascendental prevaleció al fin sobre las sugerencias del temor. Hacía ya mucho tiempo que había preparado la mezcla: compré inmediatamente a unos almacenistas de productos químicos una gran cantidad de cierta sal que, según sabía por mis experimentos, era el último ingrediente que necesitaba; y ya tarde, en una noche maldita, compuse los elementos, los miré hervir y humear en la copa, y cuando la ebullición hubo cesado, en un súbito arranque de valor, me bebí la pócima.

Inmediatamente sentí desgarradores dolores; los huesos como triturándose, mortales náuseas, y un horror del espíritu que no debe alcanzarse ni en la hora del nacimiento o de la muerte. Después, aquellas agonías empezaron a calmarse rápidamente y volví en mí como si saliera de una gran enfermedad. Había algo extraño en mis sensaciones, algo nuevo, inefable, y por su misma novedad, increíblemente agradable. Me sentía más joven, más ligero, más eufórico físicamente; y en mi espíritu sentía una arrebatadora osadía, un fluir de desordenadas imágenes sensuales que pasaban velozmente por mi fantasía como el agua por el saetín de un molino; del aflojamiento de todas las ataduras del deber, y de una desconocida, pero no inocente, libertad de alma. Me sentí, al primer aliento de esta nueva vida, más perverso, muchísimo más perverso, un esclavo vendido a mi demonio innato y, en ese momento, esa idea era como un vino añejo que me tonificaba. Estiré los brazos, embriagado por la frescura de esas sensaciones, y en aquel instante noté, de pronto, que mi estatura había disminuido.

En esa época, no había espejo en mi habitación; el que ahora está junto a mí, mientras escribo, fue traído más tarde, precisamente para esas transformaciones. La noche, entretanto, había avanzado hacia la madrugada... y ésta, negra como era, estaba ya a punto de generar el día; la gente de mi casa dormía sumida en las horas de sueño más profundo y, enardecido por la esperanza y el triunfo, decidí aventurarme, en mi nueva forma, hasta mi alcoba. Crucé el patio y pude imaginarme que, en lo alto, las constelaciones me miraban con asombro: yo era la primera criatura de la nueva especie que, desde la eternidad, su insomne vigilancia les había revelado. Me deslicé por los pasillos, un extraño en mi propia casa—; y al llegar a mi cuarto contemplé por primera vez la fisonomía de Edward Hyde.

Aquí solo podré hablar hipotéticamente, diciendo no lo que sé, sino lo que supongo más probable. El lado malo de mi naturaleza, al que yo ahora había transferido la virtud plasmante, era menos robusto y estaba menos desarrollado que el lado bueno, que acababa de deponer. Además, en el transcurso de mi vida, que, a pesar de todo, en sus nueve décimas partes había sido dedicada al esfuerzo, a la virtud y al dominio de mí mismo, el ser malo había sido ejercitado mucho menos y se había gastado menos. De lo que resultaba, según supongo, que Edward Hyde fuera mucho más pequeño, más delgado y más joven que Henry Jekyll. Así como la bondad resplandecía en la cara de uno, la maldad estaba grabada, clara y patente, en el semblante del otro. El mal, además (que aún debo suponer que sea la parte mortal del hombre) había impreso en aquel cuerpo huellas de deformidad y de ruina. Y, sin embargo, cuando contemplé la fealdad de aquel ser en el espejo, no sentí repugnancia alguna; por el contrario, lo recibí con un impulso de bienvenida. Aquel también era mi ser. Parecía natural y humano. A mis ojos representaba una imagen más viva del espíritu, más perfecta y simple que la apariencia imperfecta y compleja que hasta entonces me había acostumbrado a considerar como mía. Y en cierto modo tenía yo, sin duda, razón. He observado que, cuando adquiría la forma de Edward Hyde, nadie podía acercarse a mí por primera vez sin sentir un carnal y físico recelo. Esto, según me parece, se debe a que todos los seres humanos con quienes tropezamos son un compuesto del bien y el mal, y sólo Edward Hyde, en las filas de la humanidad, era el mal puro.

Sólo me detuve un instante ante el espejo; faltaba intentar el segundo y decisivo experimento. Quedaba por ver si había perdido mi identidad sin posibilidad de rescatarla y me vería obligado a huir, antes de que amaneciera, de esa casa que ya no sería la mía. Y apresurándome a volver a mi gabinete, nuevamente preparé y bebí la copa, de nuevo sufrí las angustias de la disolución de mi ser, y otra vez volví en mí con el carácter, la estatura y el rostro de Henry Jekyll.

Aquella noche me encontré ante la encrucijada fatal. Si me hubiese acercado a mi descubrimiento, con un espíritu más noble, si me hubiera arriesgado al experimento mientras estaba bajo el dominio de generosas y elevadas aspiraciones, todo habría resultado diferente y de esas agonías de muerte y alumbramiento habría surgido como un ángel y no como un demonio. La droga actuaba sin discernimiento; no era divina ni diabólica; no hacía sino romper las puertas de la prisión y, como los cautivos de Philippi, lo que estaba dentro se escapaba. En aquel tiempo mi virtud adormecía a mi maldad, a la cual la propia ambición mantenía despierta, en acecho y dispuesta a aprovechar cualquier ocasión: y lo que surgiera desde dentro tenía que ser Edward Hyde. De aquí que, si bien tenía yo ahora dos caracteres, tanto como dos apariencias, uno era la maldad pura, y el otro seguía siendo el antiguo Henry Jekyll, aquella incongruente mezcla cuya reforma y mejoramiento desconfiaba ya de conseguir. La tendencia, pues, se inclinaba completamente hacia lo peor.

En aquella época todavía no había conseguido vencer mi aversión a la seca aridez de una vida de estudio. Aún me sentía a veces con livianas inclinaciones, y como mis placeres eran (para decirlo suavemente) indignos, y yo no solamente era muy conocido y altamente considerado, sino que además me iba acercando a la madurez, esta incoherencia de mi vida se iba haciendo más insoportable cada día. Fue por ahí por donde mi nuevo poder me tentó hasta que caí en el cautiverio. Sólo tenía que apurar la copa, despojarme del cuerpo del eminente profesor y ponerme, como si fuera un gabán, el de Edward Hyde. La idea me hizo sonreír; en aquel entonces me pareció algo divertido y realicé mis preparativos con escrupuloso cuidado. Alquilé y amueblé aquella casa en el Soho, hasta la cual llegó la policía siguiendo el rastro de Hyde y contraté como ama de llaves a una persona de la que sabía muy bien que era callada y sin escrúpulos. Por otra parte, anuncié a mis criados que un mister Hyde, cuya descripción les hice, iba a tener plena libertad y poderes en mi casa de la plaza; y para prevenir cualquier inconveniente fui allí y me hice familiar a todos en mi segunda personificación. Inmediatamente hice aquel testamento, al que tanto te opusiste, de tal manera que si algo me sucedía en la persona de Henry Jekyll, pudiera entrar en la de Edward Hyde sin pérdidas económicas. Y así fortalecido por todos lados, según pensé, comencé a aprovecharme de la extraña inmunidad de mi posición.

Antes de ahora ha habido gentes que han alquilado rufianes para que ejecutaran sus crímenes, mientras ellas y su reputación quedaban protegidas en la sombra. Yo he sido el primero que haya hecho eso para sus placeres. Así, yo fui el primero que pudo pasear solemnemente ante los ojos del público, con una apariencia de sencilla respetabilidad, y en un instante, como un escolar, desnudarse de esas cosas postizas y zambullirse en el mar de la libertad. Para mí, envuelto en mi impenetrable manto, la seguridad era completa. Piensa en ello… yo ni siquiera existía. No tenía más que cruzar las puertas del laboratorio, disponer sólo de un par de segundos para mezclar y tomar la bebida, que tenía siempre preparada, y cualquier cosa que Edward Hyde hubiese hecho se desvanecería como el vaho del aliento sobre un espejo; y allí, en su lugar, tranquilamente en su casa, trabajando a la luz de su despacho, estaría un hombre que podía permitirse el lujo de tomarse a broma cualquier sospecha: Henry Jekyll.

Los placeres que me largué a buscar bajo mi disfraz eran, como he dicho, indignos; no podría, en justicia emplear un término menos severo. Pero en manos de Edward Hyde pronto empezaron a derivar hacia lo monstruoso. A menudo, al regresar de mis excursiones me quedaba sumido en una especie de estupor ante mi depravación vicaria. Aquel ser familiar que yo había extraído de mi propia alma, y a quien dejaba solo para que hiciera su gusto, era esencialmente maligno y perverso; todos sus actos y pensamientos se centraban en sí mismo; bebía con bestial avidez el deleite que le producía la tortura producida al prójimo; era inexorable, como un hombre de piedra. Henry Jekyll se quedaba a veces aterrorizado ante los actos de Edward Hyde; pero la situación estaba más allá de las leyes normales, e insidiosamente aflojaba las estrechas ataduras de su conciencia. Después de todo, era Hyde y nadie más que Hyde, el culpable; Jekyll no se había vuelto peor; al despertar volvían otra vez a él sus buenas cualidades, al parecer incólumes; y hasta se apresuraba, cuando era posible, a remediar el daño que Hyde había cometido. Y así se adormecía su conciencia.

En los detalles de las infamias en las que de esta manera contribuí (pues todavía ahora me resisto a aceptar que las cometí yo) no tengo intenciones de entrar. Tan sólo quiero hacer notar los avisos y los sucesivos pasos con que se iba acercando mi castigo. Me sucedió un accidente que, como no tuvo consecuencias, no haré más que mencionar. Un acto de crueldad contra una niña despertó la cólera de un transeúnte, a quien reconocí el otro día en la persona de tu pariente; el médico y la familia de la niña se unieron a él, y hubo momentos en que llegué a temer por mi vida, y, al fin, para calmar su justa indignación, Edward Hyde tuvo que traerlos hasta la puerta y pagarles con un cheque a nombre de Henry Jekyll. Pero este peligro quedó fácilmente eliminado para el futuro abriendo otra cuenta a nombre de Edward Hyde en un banco distinto; y cuando hube provisto de una firma a mi doble, inclinando mi letra hacia atrás, me consideré seguro y fuera del alcance del destino.

Unos dos meses antes del asesinato de sir Danvers, salí a correr una de mis aventuras, regresé muy tarde y al día siguiente desperté en mi cama con sensaciones algo raras. Aunque miraba alrededor mío, aunque veía el decorado de los muebles y lo espacioso de mi habitación de la plaza, aunque reconocía el dibujo de las cortinas y la cama de caoba; había algo que seguía insistiendo en que yo no estaba donde estaba, que no me había despertado donde creía estar, sino en el cuarto del Soho, donde acostumbraba a dormir en el cuerpo de Edward Hyde. Esto me hacía sonreír, y en mi prurito psicológico empecé a analizar los elementos de esa ilusión, sin que por eso dejase de sumirme de cuando en cuando en un confortable y ligero sueño matutino. Todavía seguía así, cuando, en uno de los momentos en que estaba más despabilado, mi mirada fue a posarse sobre mi mano. Pues bien; la mano de Henry Jekyll era (como tú a menudo lo has observado) profesional en forma y tamaño: grande, firme, blanca y proporcionada. Pero la mano que ahora estaba viendo con gran claridad, a la luz amarillenta de una mañana en el centro de Londres, descansando extendida sobre las ropas de la cama, era flaca y nervuda, nudosa, de una oscura palidez y sombreada por un vello negro y espeso: era la mano de Edward Hyde.

Debo haber quedado mirándola, con la mirada fija, por más de medio minuto, sumido como estaba en la simple estupidez del asombro, antes de que el terror se despertase en mi pecho, súbito y alarmante, como el redoble de un tambor; y, saltando de la cama, me precipité hacia el espejo. Ante lo que mis ojos vieron, sentí que la sangre se me transformaba en algo sutilmente fluido y glacial. Sí, me había acostado Henry Jekyll, y me había despertado Edward Hyde. ¿Cómo se podía explicar esto?, me pregunté a mí mismo, y en seguida, con otro sobresalto de terror: ¿Cómo podía remediarse? La mañana estaba ya muy avanzada; los criados, levantados; todas mis drogas, en el gabinete; y era un largo viaje el ir hasta allá desde el lugar en que me encontraba paralizado de espanto: bajar dos tramos de escalera, salir por el pasadizo posterior, atravesar el patio descubierto, y después el anfiteatro… Podía, es cierto, cubrirme la cara; pero, ¿de qué me serviría si no había forma de disimular el cambio de estatura? Y entonces, con una grata y embriagadora sensación de saberme salvado, recordé que los sirvientes estaban ya acostumbrados a las idas y venidas de mi segundo yo. Me vestí rápidamente, lo mejor que pude, con ropas de mi tamaño primitivo; a todo escape atravesé la casa, cruzándome con Bradshaw, que abrió desmesuradamente los ojos y se echó hacia atrás al ver a mister Hyde a tales horas y tan extrañamente vestido, y, diez minutos después, el doctor Jekyll había recuperado su propia forma y estaba sentado a la mesa, con sombría expresión, para hacer un simulacro de desayuno.

Escaso, en verdad, era mi apetito. Ese inexplicable incidente, ese trastocarse de mis anteriores experiencias, parecía, como el dedo fatídico sobre el muro de Babilonia, estar trazando las letras de mi sentencia; y comencé a reflexionar con más seriedad que hasta entonces, en las posibles consecuencias de mi doble existencia. Aquella parte de mí mismo que yo tenía el poder de proyectar al exterior había sido, desde hacía algún tiempo, muy ejercitada y nutrida; hasta me parecía como si, últimamente, el cuerpo de Edward Hyde hubiese aumentado de estatura; como si (cuando yo revestía aquella forma) sintiera un más poderoso fluir de mi sangre; y comencé a vislumbrar el peligro de que, si todo continuaba así, se rompiese para siempre el equilibrio de mi naturaleza, perdiera el poder del cambio voluntario, y la personalidad de Edward Hyde llegase a ser, irreversiblemente, la mía. La eficacia de la droga no se había mostrado siempre igual. Una vez, casi en los comienzos, me había fallado del todo; y después, en más de una oportunidad, había tenido que doblar la dosis y en una ocasión, con inminente riesgo de mi vida, tuve que triplicarla; y habían sido esas inseguridades, aunque poco frecuentes, la única sombra que había oscurecido mi contento. Ahora, sin embargo, y en vista del accidente de aquella mañana, tuve que admitir que, así como al principio lo difícil era desprenderme del cuerpo de Jekyll, en los últimos tiempos, y de un modo paulatino pero decidido, la dificultad se había ido pasando al lado opuesto. Todo parecía, entonces, indicar que poco a poco iba perdiendo el asidero a mi primitivo y mi mejor yo, y que, lentamente, me iba amarrando al segundo y peor.

Comprendí claramente que tenía que elegir entre los dos. Mis dos naturalezas tenían la memoria en común; pero las demás facultades se repartían muy desigualmente entre ambas. Jekyll (que era un ser complejo) a veces con gran temor y a veces con ávido deleite, planeaba los placeres y las aventuras de Hyde, y hasta tomaba parte en ellos; pero Hyde sentía una total indiferencia por Jekyll, o, si pensaba en él, era tan sólo como el bandido de la sierra se acuerda de la cueva en donde se refugia de sus perseguidores. Jekyll sentía el interés de un padre; Hyde experimentaba más la indiferencia de un hijo. Unir mi suerte a la de Jekyll era morir para todos esos apetitos que por largo tiempo había tolerado en secreto y que, últimamente, había comenzado a regalar y mimar; unirla a la de Hyde era morir para mil intereses y altas aspiraciones y convertirme de un golpe y para siempre en un ser despreciable y solitario. La alternativa podía parecer desigual, pero todavía había otra consideración para echar en la balanza: porque en tanto que Jekyll sufriría abrasándose en el fuego de la abstinencia, Hyde ni siquiera llegaría a darse cuenta de lo que había perdido. Extrañas eran mis circunstancias, pero los términos del debate eran tan viejos y vulgares como el hombre mismo. Estímulos y dudas muy similares deciden el destino de cualquier tentado y temeroso pecador: y sucedió conmigo, como con la gran mayoría de mis semejantes, que elegí el mejor partido y me encontré después sin la firmeza necesaria para mantenerme en él.

Sí, preferí al otoñal y descontento doctor, rodeado de amigos y acariciador de honestas esperanzas; y di un adiós definitivo a la libertad, a la relativa juventud, al paso ligero, al vigoroso latir de la sangre, y a los ocultos placeres de que había gozado bajo el disfraz de Hyde. Tal vez hice esta elección con alguna inconsciente reserva, ya que no levanté la casa del Soho, ni destruí las ropas de Hyde, que seguían preparadas en el gabinete. Durante dos meses, sin embargo, permanecí fiel a mi resolución; y durante ese tiempo llevé una vida de tal austeridad como nunca la había alcanzado hasta entonces, y gocé de la compensación de una conciencia satisfecha. El tiempo, sin embargo, comenzó a borrar la novedad de mis temores: empezaron a torturarme nuevas ansias y anhelos, como si Hyde se debatiera por alcanzar la libertad; y, al fin, en un momento de desfallecimiento moral, compuse una vez más y me bebí la pócima transformadora.

Creo que el borracho habitual cuando razona consigo mismo acerca de su vicio no consigue pensar, ni una vez entre mil, en los peligros que su bestial insensibilidad física puede hacerle correr; tampoco tuve yo suficientemente en cuenta, aunque tanto había meditado sobre mi situación, la absoluta insensibilidad moral y la insensata rapidez para el mal, que eran las principales características de Edward Hyde. Por ellas, sin embargo, vino mi castigo. Mi demonio había estado demasiado tiempo cautivo y salió bramando. Sentí, en el instante mismo de tomar la bebida, una propensión, más frenética y desesperada que nunca, hacia el mal. Esto fue, según supongo, lo que desató en mi alma aquella tempestad de cólera con que escuché las cortesías de mi desdichada víctima; al menos declaro ante Dios, que ningún hombre moralmente cuerdo, podía haberse hecho culpable de tal crimen por tan inocente provocación, y que al herir no tuve otra razón que la que puede tener un niño enfermo para romper un juguete. Pero, voluntariamente, me había despojado de todos esos instintos de equilibrio por medio de los cuales hasta el peor de nosotros puede caminar entre las tentaciones con cierto grado de estabilidad: en mi caso, la tentación, por leve que fuese, era la caída.

Instantáneamente, el genio del infierno, despertó en mí, loco de rabia. Con un arrebato de júbilo me puse a golpear aquel cuerpo indefenso, saboreando con deleite cada golpe, y sólo cuando empezaba a cansarme, sentí bruscamente el corazón sobrecogido, en el más frenético ataque de mi delirio, por un escalofrío de terror. Una bruma se dispersó; comprendí que mi vida estaba sentenciada, y huí de la escena de aquellos horrores, a la vez gozoso y temblando; mi concupiscencia del mal, satisfecha y estimulada; mi amor a la vida, más intenso que nunca. Corrí a la casa del Soho, y para hacer la seguridad doblemente cierta, quemé mis papeles. Salí de allí y corrí por las calles a la luz de los faroles en el mismo estado de ánimo: gozando de mi crimen y frívolamente ideando otros para el futuro, y, al mismo tiempo, apresurándome cada vez más y aguzando más y más el oído para escuchar a mi zaga los pasos del vengador. Hyde tenía una canción en los labios mientras preparaba la droga y, al beberla, brindó por el muerto; aún no habían terminado de desgarrarle los tormentos de la transformación, cuando Henry Jekyll, bañado en lágrimas de gratitud y remordimiento, había caído de rodillas y levantaba a Dios sus manos suplicantes. El velo de la propia indulgencia se había rasgado de arriba a abajo, y vi todo el conjunto de mi vida; la seguí desde los días de mi niñez, cuando andaba de la mano de mi padre, y a través de los trabajos y sacrificios de mi carrera profesional, hasta llegar una y otra vez, con la misma sensación de irrealidad, a los nefastos horrores de aquella noche. Sentía ganas de gritar: con lágrimas y oraciones traté de calmar la multitud de espantables imágenes y sonidos que me asaltaban y, todavía, entre las plegarias, la horrible faz de mi iniquidad se asomaba dentro de mi alma. A los agudos remordimientos, cuando comenzaron a ceder, les siguió un sentimiento de gozo. El dilema de mi conducta estaba resuelto. Hyde era en adelante imposible; quisiera o no, quedaba yo ahora prisionero en la mejor parte de mi ser y... ¡oh, que alegría al solo pensarlo! ¡Con qué cordial humildad me aferré de nuevo a las restricciones de la vida normal! ¡Con qué sincero renunciamiento cerré la puerta con la llave que tantas veces me había servido en mis entradas y salidas, y la aplasté bajo mis pies!

El día siguiente trajo la noticia de que el crimen había tenido testigos, que la culpabilidad de Hyde era ya evidente para todos, y que la víctima era una persona que gozaba de gran estimación pública. Creo que esas noticias me produjeron alegría; me alegré de tener mis mejores impulsos así amurallados y protegidos por el temor al patíbulo. Jekyll era, ahora, mi lugar de refugio: que Hyde se asomase afuera, no más que un instante y las manos de todos se alzarían para agarralo y llevarlo a la muerte.

Decidí redimir mi pasado con mi conducta futura; y puedo honestamente decir que mi resolución dio algunos buenos frutos. Tú mismo sabes con que ardor trabajé, en los últimos meses del año pasado, en aliviar sufrimientos; tú sabes que hice mucho por los demás, y que los días fueron pasando tranquilos, casi dichosos, para mí. No puedo, en realidad, decir que me cansase de esa vida inocente y benéfica; creo, por el contrario, que cada día me deleitaba más plenamente en ella. Pero aún pesaba sobre mí la desgracia de mi dualidad de designios, y cuando el primer impulso de mi arrepentimiento se fue adormeciendo, mi ser inferior durante tanto tiempo complacido, tan recientemente encadenado, comenzó a gruñir ansioso de libertad. No es que yo soñase en resucitar a Hyde; el simple pensamiento de tal cosa me ponía frenético. No, era que una vez más, en mi propia persona original, sentía tentaciones de jugar con mi conciencia, y si al fin caí ante los asaltos de la tentación fue como un vulgar y secreto pecador.

Todo tiene su fin; la medida más amplia termina por colmarse, y esta breve condescendencia con mi maldad acabó por romper el equilibrio de mi alma. Y, sin embargo, no me alarmé: la caída parecía natural, como un regreso a los días lejanos, antes de que hiciera mi descubrimiento. Era un día de enero, hermoso y claro, húmedo en el suelo donde la escarcha se había derretido, pero limpio de nubes en lo alto; y en el Regent's Park, lleno de pájaros que cantaban, se sentían gratos efluvios primaverales. Me senté al sol en un banco; el animal que habitaba en mi interior se complacía en relamer gustosos y sensuales recuerdos; mi espíritu, un tanto adormecido, hacía promesas de inmediata penitencia, pero sin decisión para comenzarla. Después de todo, pensaba, yo era como todos los demás; y hasta me sonreía comparándome con otros y poniendo al lado de mi activa bondad la perezosa crueldad de su negligencia. Y en el mismo momento de ocurrírseme esta vanidosa idea, sentí un desfallecimiento, con horribles náuseas y mortales sacudidas. Cuando estos síntomas se calmaron, quedé exhausto, y después, a medida que me iba recuperando de esta debilidad, empecé a notar un cambio en el tono de mis ideas: mayor audacia, desprecios del peligro, indiferencia frente a las ataduras del deber. Miré hacia abajo: las ropas colgaban informes sobre mis miembros mermados; la mano que se apoyaba en mi rodilla era correosa y peluda. Nuevamente yo volvía a ser Edward Hyde. Un segundo antes había estado seguro del respeto de todos, era rico, querido por mucha gente…, la mesa me esperaba puesta en mi casa; y ahora, era la alimaña perseguida por todos, cazado, sin refugio, un asesino célebre, carne de horca.

Mi razón tambaleaba, pero no me abandonó por completo. Más de una vez había notado que, en mi segunda condición, mis facultades parecían agudizarse en extremo y que mis energías adquirían mayor tensión y elasticidad. Y así sucedió que, en un trance en que quizá Henry Jekyll habría sucumbido, Hyde lo elevó a la altura de las circunstancias. Mis drogas estaban en uno de los armarios del gabinete: ¿de qué manera llegar a ellas? Ese era el problema que (apretándome las sienes entre las manos), intenté resolver. Yo había dejado cerrada la puerta del laboratorio: si intentaba entrar en la casa, mis propios criados me entregarían al verdugo. Comprendí que tendría que valerme de mano ajena, y pensé en Lanyon. Pero, ¿cómo podía llegar hasta él? ¿Cómo convencerlo? Suponiendo que escapase a la captura en las calles, ¿cómo iba a conseguir que me recibiese? ¿Y cómo iba yo, —un visitante desconocido y desagradable—, a convencer al famoso médico para que entrase sin más en el despacho de su colega el doctor Jekyll? Entonces recordé que algo me quedaba de mi primitiva personalidad: podía escribir con mi letra. Y no bien esta fulminante chispa saltó en mi mente, quedó iluminado, de punta a punta, el camino que tenía que seguir.

Así, pues, arreglé mis ropas como mejor pude y, llamando a un coche que pasaba, le ordené que me condujera a un hotel en la calle de Portland, cuyo nombre recordaba por casualidad. Al ver mi indumentaria (que resultaba, en verdad, harto cómica, por trágico que fuese el destino del que aquellas ropas encubrían—) el cochero no pudo ocultar su regocijo. Lo miré, rechinando los dientes con un arrebato de diabólica furia, y la sonrisa se le heló en la cara, felizmente para él y todavía mucho más felizmente para mí, ya que, en cualquier otro momento, no habría vacilado en tirarlo del pescante abajo. Cuando entré en el hotel, miré en torno mío con aire tan tenebroso que hizo temblar a los dependientes. Ni una mirada se atrevieron a cambiar en mi presencia y, muy obsequiosos, recibieron mis órdenes, me condujeron hasta la habitación y me trajeron papel para escribir. Hyde, en peligro de muerte, era un ser nuevo para mí: invadido por una rabia loca, enardecido y pronto para el crimen, ávido de hacer daño. Y, pese a todo, conservaba su astucia; con un poderoso esfuerzo de su voluntad consiguió dominar su furia, escribió las dos cartas, tan importantes, para Lanyon y para Poole;

y para asegurarse de que iban a ser echadas al correo, las envió con orden de que las certificasen.

Después, pasó todo el día en su habitación, sentado junto al fuego, royéndose las uñas; comió allí, a solas con sus terrores, haciendo temblar al camarero cada vez que sus miradas se encontraban: y desde allí, cuando llegó la noche, se echó él a la calle, y amparado en el rincón de un coche cerrado, anduvo por la ciudad de acá para allá. Digo él… no puedo decir yo. Aquel engendro del infierno no tenía nada de humano: nada vivía en él como no fueran el miedo y el odio. Y cuando, al fin, temiendo que el cochero empezase a sospechar, despidió el coche y se aventuró a pie entre los caminantes nocturnos, vestido con esas mal ajustadas ropas que lo convertían en centro de atención de todas las miradas, aquellas dos bajas pasiones se agitaban dentro de él como una tempestad. Caminaba de prisa, perseguido por sus propios temores, hablando consigo mismo, por las calles menos transitadas, contando incesantemente los momentos que todavía faltaban para la medianoche. Una mujer se acercó a hablarle, creo que para venderle una caja de cerillas; él le dio un golpe en la cara y la mujer huyó.

Cuando volví en mí, en casa de Lanyon, creo que el horror de mi viejo amigo quizá llegó a afectarme un tanto. No estoy seguro; sólo sería a lo sumo una gota de agua en el mar; tal era la excrecación con que después recordaba aquellas horas. Un cambio se había operado en mí. Ya no era el temor a la horca, sino el horror de ser Hyde, lo que me atormentaba. Escuché como en un sueño los reproches de Lanyon, y como en un sueño volví a mi casa y me metí en la cama. Dormí, después del agotamiento de la jornada, con un invencible y profundo sopor que ni siquiera las pesadillas que me torturaron lograron romper. A la mañana desperté, débil y quebrantado, pero ya rehecho. Aún aborrecía y tenía la idea de la bestia que dentro de mí dormitaba; y no había olvidado, por supuesto, los espantables terrores del día anterior; pero estaba nuevamente en mi casa, bajo mi propio techo, al lado de mis drogas; y la gratitud por mi salvación resplandecería tan intensamente en mi alma, que llegaba a rivalizar con la luz de la esperanza.

Cruzaba tranquilamente el patio, después de desayunarme, respirando con deleite la frescura del aire, cuando volví a sentir las indescriptibles sensaciones que anunciaban el cambio; y apenas hice a tiempo para refugiarme en el gabinete antes de que ya estuviera otra vez luchando con la furia y la agitación de las pasiones de Hyde. En esa ocasión necesité doblar la dosis para poder volver en mí, y ¡ay!, seis horas después, cuando estaba sentado mirando tristemente a la lumbre, las ansias volvieron y nuevamente tuve que administrarme la droga. En suma: desde aquel día, parecía que sólo por un gran esfuerzo, que casi llamaría atlético, y únicamente bajo el estímulo inmediato de la droga, podía conservar la fisonomía de Jekyll. A cualquier hora del día o de la noche se presentaba el estremecimiento indicador y, sobre todo, si me dormía o llegaba a adormecerme un instante en el sillón, siempre era Hyde al despertar. Bajo la angustia de esta amenaza, siempre cerniéndose sobre mí, y por el insomnio a que yo mismo me condenaba, mucho más allá de lo que yo creía que el hombre era capaz de resistir, llegué a convertirme, en mi persona de Jekyll, en un ser consumido y agotado por la fiebre, desmayado y debilitado en cuerpo y espíritu y obsesionado por un solo pensamiento: el odio a mi otro yo. Pero tan pronto como me dormía o se me pasaban los efectos de la droga, me encontraba, instantáneamente y casi sin transición, porque los dolores del cambio se iban notando cada vez menos, con una fantasía desbordante de aterradoras imágenes, un alma estremecida por odios sin causa, y un cuerpo que no me parecía lo bastante fuerte como para sujetar mis fieras energías vitales. Parecía que la fuerza de Hyde había crecido a costa del debilitamiento de Jekyll. Y realmente, el odio que ahora los dividía era igual por cada parte. Por la de Jekyll era una cosa de instinto vital. Ahora había visto toda la deformidad de aquel ser que compartía con él algunos de los fenómenos de su conciencia y era su coheredero hasta la muerte; y, fuera de esos lazos en común, que constituían de por sí la parte más dramática de su desdicha, concebía a Hyde, a pesar de toda su vigorosa vitalidad, como una cosa no solo infernal, sino inorgánica. Y eso era lo verdaderamente intolerable; que el fango del abismo pudiese articular gritos y voces; que el polvo amorío gesticulara y gritase; que lo que estaba muerto y no tenía forma usurpase los atributos de la vida. Y esto, además del invencible horror, estaba ligado a él más íntimamente que una esposa, más cercano que sus propios ojos: estaba enjaulado en su misma carne, donde lo escuchaba gemir y lo sentía forcejear por renacer y, en cualquier momento de debilidad o en la confianza del sueño, prevalecía sobre él y lo suplantaba en la vida. El odio de Hyde a Jekyll era de distinta naturaleza. Su miedo a la horca lo obligaba a cometer continuamente suicidios pasajeros y a retornar a la situación subordinada de ser sólo una parte en lugar de una persona entera: pero detestaba esa necesidad, odiaba el abatimiento en el que Jekyll se había sumido, y sentía como una injuria la aversión con que éste lo miraba. De allí las simiescas jugarretas que maquina en mi contra, como escribir blasfemias, con mi letra, en las páginas de mis libros o quemar las cartas y el retrato de mi padre; y estoy seguro que, si no fuera por su temor a la muerte, ya hace mucho tiempo que habría buscado su propia ruina, sólo por arrastrarme a mí en ella. Pero su amor a la vida es admirable, y aún diría más: yo, que siento náuseas y escalofríos ante la simple idea de Hyde, cuando pienso en la abyección y en el frenesí de ese amor y en cómo teme a mi poder de terminar con su vida suicidándome, no puedo menos que sentir, en el fondo de mi corazón, piedad por él.

Sería inútil continuar este relato y, aunque quisiera, ya no me queda tiempo para hacerlo. Me basta con decir que nunca nadie sufrió tales tormentos y que, sin embargo, aún siendo como eran, el hábito trajo... alivio no; pero sí un cierto endurecimiento del alma, una especie de desesperada aceptación, y que mi castigo podría haberse prolongado años enteros, a no ser por la postrera calamidad que ha caído sobre mí y que definitivamente me ha separado de mi propio rostro y naturaleza. Mis provisiones de la sal, que no había renovado desde la fecha del primer experimento, comenzaron a escasear. Envié a buscar un nuevo pedido y preparé la bebida; inmediatamente se produjo la ebullición, y después el primer cambio de color, pero no el segundo; la bebí y no produjo efecto. Poole puede decirte cómo hice revolver todo Londres de arriba a bajo. Fue inútil; y ahora he llegado al convencimiento de que la primera que compré no estaba pura, y que fue aquella impureza desconocida la que prestó eficacia a la poción.

Ha transcurrido cerca de una semana, y estoy ahora terminando esta confesión bajo la influencia de los restos que aún me quedaban de la sal primitiva. Es ésta, pues, la última vez, a no ocurrir un milagro, que Henry Jekyll puede pensar sus propios pensamientos y ver su propia cara —¡tan lastimosamente demudada!— en el espejo. No debo atrasarme en terminar este escrito; ya que si hasta ahora se ha librado de ser destruido, se debe a una gran precaución y a una extraordinaria suerte. Si las angustias del cambio se presentaran mientras escribo, Hyde lo haría pedazos; pero si pasa algún tiempo, su increíble egoísmo y su tendencia a circunscribirse sólo al momento presente es probable que lo salven, una vez más, de la malignidad de esa bestia. Aunque es verdad que el sino fatal que nos espera por instantes a los dos, ha producido un cambio en él y lo ha subyugado. Dentro de media hora, cuando una vez más, y ésta para siempre, vuelva yo a asumir esa detestada personalidad, sé que estaré sentado en la butaca, estremecido y lloroso, o que continuaré paseando de arriba a abajo por este cuarto (mi último refugio en la tierra), aguzando el oído, con la más intensa y temerosa angustia, para sorprender cualquier ruido amenazador. ¿Morirá Hyde en el patíbulo, o tendrá suficiente coraje como para liberarse en el postrer momento? Dios lo sabe; a mí ya no me importa. Esta es la verdadera hora de mi muerte, y lo que suceda después no me concierne a mí, sino a otro. Aquí, pues, al dejar la pluma y sellar el sobre que encierra esta confesión, pongo fin a la vida del desventurado Henry Jekyll.

Índice

Estudio preliminar

EL DOCTOR JEKYLL Y MISTER HYDE

•FONTANA•

1. **LA DIVINA COMEDIA,** Dante
2. **EL ARTE DE LA GUERRA,** Sun Tzu
3. **LA ILÍADA,** Homero
4. **LA ODISEA,** Homero
5. **LA ENEIDA,** Virgilio
6. **EL RETRATO DE DORIAN GRAY,** Oscar Wilde
7. **LA METAMORFOSIS,** Franz Kafka
8. **FRANKENSTEIN,** Mary Shelley
9. **NECRONOMICÓN, LOS MEJORES RELATOS,** H. P. Lovecraft
10. **ALICIA EN EL PAÍS DE LAS MARAVILLAS,** L. Carroll
11. **A TRAVÉS DEL ESPEJO,** Lewis Carroll
12. **LA VUELTA AL MUNDO EN OCHENTA DÍAS,** J. Verne
13. **DRÁCULA,** Bram Stoker
14. **CUENTOS DE LA SELVA,** Horacio Quiroga
15. **EL FANTASMA DE LA ÓPERA,** Gaston Leroux
16. **LA BELLA Y LA BESTIA,** Velleneuve y Beaumont
17. **DE LA TIERRA A LA LUNA,** Julio Verne
18. **EL PROCESO,** Frank Kafka
19. **CUENTOS DE AMOR DE LOCURA Y DE MUERTE,** H. Quiroga
20. **ROMEO Y JULIETA,** William Shakespeare
21. **ASÍ HABLABA ZARATUSTRA,** Friedrich Nietzsche
22. **MANIFIESTO COMUNISTA,** K. Marx y F. Engels
23. **EL PRÍNCIPE,** Nicolás Maquiavelo
24. **EL KYBALIÓN,** Tres Iniciados
25. **MÁS ALLÁ DEL BIEN Y DEL MAL,** Friedrich Nietzsche
26. **EL ANTICRISTO,** Friedrich Nietzsche
27. **APOLOGÍA DE SÓCRATES,** Platón
28. **DIÁLOGOS,** Platón
29. **METAFÍSICA,** Aristóteles
30. **RETÓRICA,** Aristóteles
31. **ÉTICA A NICÓMACO,** Aristóteles
32. **ELOGIO DE LA LOCURA,** Erasmo de Rotterdam
33. **AURORA,** Friedrich Nietzsche
34. **AZUL...,** Rubén Darío
35. **SELECCIÓN POÉTICA,** Federico García Lorca
36. **SENTIDO Y SENSIBILIDAD,** Jane Austen
37. **EL FANTASMA DE CANTERVILLE Y OTROS RELATOS,** O. Wilde
38. **EL PRÍNCIPE FELIZ Y OTROS CUENTOS,** Oscar Wilde
39. **CORAZÓN: DIARIO DE UN NIÑO,** Edmondo de Amicis
40. **ALREDEDOR DE LA LUNA,** Julio Verne

41. **LA MURALLA CHINA,** Franz Kafka
42. **AMÉRICA,** Franz Kafka
43. **EL PERRO DE LOS BASKERVILLE,** Arthur Conan Doyle
44. **EL DOCTOR JEKYLL Y MISTER HYDE,** Robert Louis Stevenson
45. **YERMA · DOÑA ROSITA LA SOLTERA,** Federico García Lorca
46. **SELECCIÓN DE CUENTOS,** Hermanos Grimm
47. **SELECCIÓN DE CUENTOS,** Christian Andersen
48. **EL MARAVILLOSO MAGO DE OZ,** Lyman Frank Baum
49. **EL CREPÚSCULO DE LOS ÍDOLOS,** Friedrich Nietzsche
50. **LA REPÚBLICA,** Platón
51. **EL CUERVO Y OTROS POEMAS,** Edgar Allan Poe
52. **LA MÁSCARA DE LA MUERTE ROJA Y OTROS RELATOS,** E. A. Poe
53. **EL CONTRATO SOCIAL,** Rousseau
54. **TRES ENSAYOS SOBRE LA TEORÍA SEXUAL,** Sigmund Freud
55. **PRINCIPIOS ELEMENTALES DE LA FILOSOFÍA,** Georges Politzer
56. **POPOL VUH & CHILAM BALAM**
57. **CANCIÓN DE NAVIDAD,** Charles Dickens
58. **EL INVITADO DE DRÁCULA Y OTRAS HISTORIAS DE TERROR,** Bram Stoker
59. **SALOMÉ & UNA MUJER SIN IMPORTANCIA,** Oscar Wilde
60. **INVESTIGACIÓN SOBRE LA NATURALEZA Y CAUSAS DE LA RIQUEZA DE LAS NACIONES,** Adam Smith
61. **EL ESCARABAJO DE ORO Y OTROS RELATOS,** Edgar Allan Poe
62. **HOJAS DE HIERBA,** Walt Whitman
63. **TAO TE KING,** Lao Tse
64. **MARTÍN FIERRO,** José Hernández
65. **MARÍA,** Jorge Isaacs
66. **EL ARTE DE AMAR · EL REMEDIO DEL AMOR,** Ovidio
67. **EL PROFETA · EL JARDÍN DEL PROFETA,** Khalil Gibrán
68. **DESOBEDIENCIA CIVIL Y OTROS TEXTOS,** Henry David Thoreau
69. **EL VALLE DEL TERROR,** Arthur Conan Doyle
70. **LA TEOGONÍA,** Hesíodo
71. **LA CASA DE BERNARDA ALBA · LA ZAPATERA PRODIGIOSA,** Federico García Lorca
72. **LAS FLORES DEL MAL,** Charles Baudelaire
73. **EL TERROR EN LA LITERATURA,** H. P. Lovecraft
74. **EL MUNDO COMO YO LO VEO,** Albert Einstein
75. **LOS MITOS DE CTHULHU,** H. P. Lovecraft
76. **UTOPÍA,** Tomás Moro
77. **EL GATO NEGRO Y OTROS RELATOS,** Edgar Allan Poe
78. **EN LAS MONTAÑAS DE LA LOCURA,** H. P. Lovecraft
79. **CUMBRES BORRASCOSAS,** Emily Brontë